中国历史与人物图谱

孙占铨 主编

吉林文史出版社

目　录

页码	时间区间	对应朝代	摘　要
01			中国历史歌
02			阅读说明、图例
03	300万年前 至 -9000	人类初始阶段	原始人群时期
04	-9000 至 -2032	三皇五帝时期 -2070	燧人氏　伏羲氏　神农氏 黄帝　颛顼　帝喾　帝尧　帝舜
05	-2031 至 -1622	夏朝 -1600	禹 启 太康 仲康 相 寒浞 少康 予 槐 芒 泄 不降 扃 廑 孔甲 皋 发 桀(癸)
06	-1621 至 -1212	商朝	成汤 外丙 中壬 太甲 沃丁 太庚 小甲 雍己 太戊 仲丁 外壬 河亶甲 祖乙 祖辛 沃甲 祖丁 南庚 阳甲 盘庚 小辛
07	-1211 至 -832	商朝 -1046	小乙 武丁 祖庚 祖甲 廪辛 康丁 武乙 文丁 帝乙 帝辛
		西周	姬发 姬诵 姬钊 姬瑕 姬满 姬繄扈 姬囏 姬辟方 姬燮 姬胡 共和行政 姬静 姬宫涅
08	-831 至 -729	-770	
09	-728 至 -627	东周 春秋时期	姬宜臼 姬林 姬佗 姬胡齐 姬阆 姬郑 姬壬臣 姬班 姬瑜
10	-626 至 -524		姬夷 姬泄心 姬贵 姬猛 姬匄
11	-523 至 -422	-475 战国时期	
12	-421 至 -319	东周	姬仁 姬介 姬去疾 姬叔 姬嵬 姬午 姬骄 姬喜 姬扁 姬定 姬延
13	-318 至 -217	-249 七国争霸时期 -221	齐 楚 燕 韩 赵 魏 秦
14	-216 至 -114	秦朝 -206 楚汉相争时期 -202	嬴政 胡亥 子婴 项羽
15	-113 至 -12	西汉	刘邦 刘盈 吕雉 刘恒 刘启 刘彻 刘弗陵 刘询 刘奭 刘骜 刘欣 刘衎 刘婴
16	-11 至 92	8 新朝 23 25	王莽
17	93 至 194	东汉 220	刘秀 刘庄 刘炟 刘肇 刘隆 刘祜 刘保 刘炳 刘缵 刘志 刘宏 刘辨 刘协
18	195 至 297	三国时期 263 265 280	曹丕 曹叡 曹芳 曹髦 曹奂 刘备 刘禅 孙权 孙亮 孙休 孙皓 司马炎 司马衷（司马伦）
19	298 至 399	西晋 317 304 东晋 十六国 386	司马衷 司马炽 司马邺 司马睿 司马绍 司马衍 司马岳 司马聃 司马丕 司马奕 司马昱 司马曜 司马德宗（桓玄） 司马德宗 司马德文
20	400 至 502	420 南北朝 439 北朝 南朝	刘裕 萧道成 萧衍 陈霸先

页码	时间区间	相关朝代	摘　要
21	503 至 604	北朝 南朝 南北朝 581	拓跋珪 拓跋嗣 拓跋焘 拓跋余 拓跋濬 拓跋弘 元宏 元恪 元诩
22	605 至 707	589 隋朝 618 唐朝 690 周 698	杨坚 杨广 杨侑 杨侗 李渊 李世民 李治 李显 李旦 武则天
23	708 至 809	705 唐朝 渤海	李显 李重茂 李旦 李隆基 李亨 李豫 李适 李诵 李纯
24	810 至 912	907	李恒 李湛 李昂 李炎 李忱 李漼 李儇 李晔 李柷
25	913 至 1014	五代十国 926 960	朱温 李存勖 石敬瑭 刘知远 郭威
26	1015 至 1117	1032 北宋 辽 西夏 1115	赵匡胤 赵光义 赵恒 赵祯 赵曙 赵顼 赵煦 赵佶
27	1118 至 1219	1126 南宋 1125 金 1206	赵桓 赵构 赵昚 赵惇 赵扩 赵昀 赵禥
28	1220 至 1322	1227 1234 1279 元朝	成吉思汗 拖雷 乃马真 窝阔台 海迷失 蒙哥 贵由 海迷失 蒙哥 忽必烈 铁穆耳 海山 爱育黎拔力八达 硕德八剌 也孙铁木儿 阿速吉八 图帖 睦尔 和世琜 懿璘质班 妥懽帖睦尔
29	1323 至 1424	1368	朱元璋 朱允炆 朱　棣
30	1425 至 1527	明朝	朱高炽 朱瞻基 朱祁镇 朱祁钰 朱祁镇 朱见深 朱祐樘 朱厚照 朱厚熜
31	1528 至 1629	1616	朱载垕 朱翊钧 努尔哈赤 朱常洛 朱由校 朱由检
32	1630 至 1732	1644 1636 南明 1662	皇太极 福临 玄烨
33	1733 至 1834	清朝	胤禛 弘历 顒琰 旻宁
34	1835 至 1888		奕詝 载淳
35	1889 至 1919	1912 中华民国 北洋政府时期	载湉 溥仪 孙中山 袁世凯 黎元洪
36	1920 至 1945	1928 国民政府时期	冯国璋 徐世昌 曹　锟 段祺瑞 张作霖 谭延闿 蒋介石 林　森 李宗仁
37	1946 至 1971	1949 中华人民共和国	
38		表①	历代都城及古今地名对照简表
39		表② 表③	中国古代主要少数民族情况简表 中国当代各民族情况简表
40		表④	各省、自治区、直辖市、特别 行政区情况表

《中国历史歌》

三皇五帝后夏商，周朝割据秦为王。
陈涉起义群雄起，楚汉相争胜刘邦。
王莽新朝十五载，东汉迁都到洛阳。
三国并立西东晋，南北对峙继隋唐。
贞观开元创伟业，武曌登基世无双。

五代十国归北宋，辽夏金蒙动刀枪。
征讨求和无济事，南宋偏安国力伤。
一代天骄驰欧亚，灭元建明朱元璋。
闯王进京十几天，清军入关统八方。
列强欺凌千古恨，百年屈辱破天荒。

辛亥革命建民国，军阀混战都称王。
日寇肆虐神州地，丧尽天良必遭殃。
两党博弈协定废，百万雄师过大江。
共和大国东方立，改革开放沐朝阳。
炎黄龙脉传万世，中华民族永辉煌。

阅读说明

1. 本图谱以时间数轴为主线。
2. 数轴上的数(不含零)是和公历时间的年数相对应的，公元前用负数表示，并据此省略了"公元""公元前"字样。
3. 时间数轴上每隔百年标一个完整的年数，中间标九个十位数，图中每个"节点"上所标的都是时间的个位数。
4. -2070年以前轴上没有刻度，以后每格均为一年(不论格大小)。
5. 彩条的长度表示国家、政权或民族的存续时间，用血红色虚线隔开彩条表示改朝换代，用箭头表示改朝换代、政权分裂或统一。
6. 历史事件标在对应的时间刻度上，未注明国度的一般指中央王朝。
7. 政权内部的帝王间的接替用白色线隔开。时间短、规模小、缺乏记载的一些政权因版面和史料所限不能逐一体现。
8. 年号用与彩条相同颜色的文字标于彩条旁，以便通过颜色确认。
9. 说明性文字标于附近的方框中或图中对应的时间"节点"上。
10. 国名、族名或政权名称一般用黑体黄字标于彩条上，国都标于国名旁边的小括号内，国都涉及多个地点的未全部列出。
11. 彩条颜色逐渐加深表示民族(或政权)逐渐产生(或无准确时间)，彩条颜色逐渐变浅表示逐渐融合或转移。
12. 历代帝王的图像置于对应的位置上，并用箭头标明父子传承关系。
13. 历史人物图像以卒年先后为序，从古至今排列开来(卒年相同的以生年为序，只精确到年)，生卒年不详的按顺序放在适当位置。简介中名字左侧为生年，右侧为卒年，生卒年有其他说法的，恕不一一列举。
14. 为节省版面省略了某些标点符号和修饰语言。简介中的地名为现地名〔如古代番禺现属广州，则标广州〕，省、市、县字样适当省略，众所周知的市、县不冠省名。
15. 附有古今地名对照表仅供读者参考。
16. 干支纪年标于主轴上方1684年至1864年之间，其他时间按60年一周期只标甲子年，其余年份推算方法请看33页"干支纪年计算法"。
17. 上下页之间在时间上连续衔接。
18. 文字叙述无论横书、竖书，阅读顺序均为从左到右、由上至下。
19. 由于历史上不同时期所用历法不同，规定的岁首也不同，按现行历法衡量可能有的事件记载要推到另一年，实难考证，只能尊重原文。

图例(图形语言解析)：

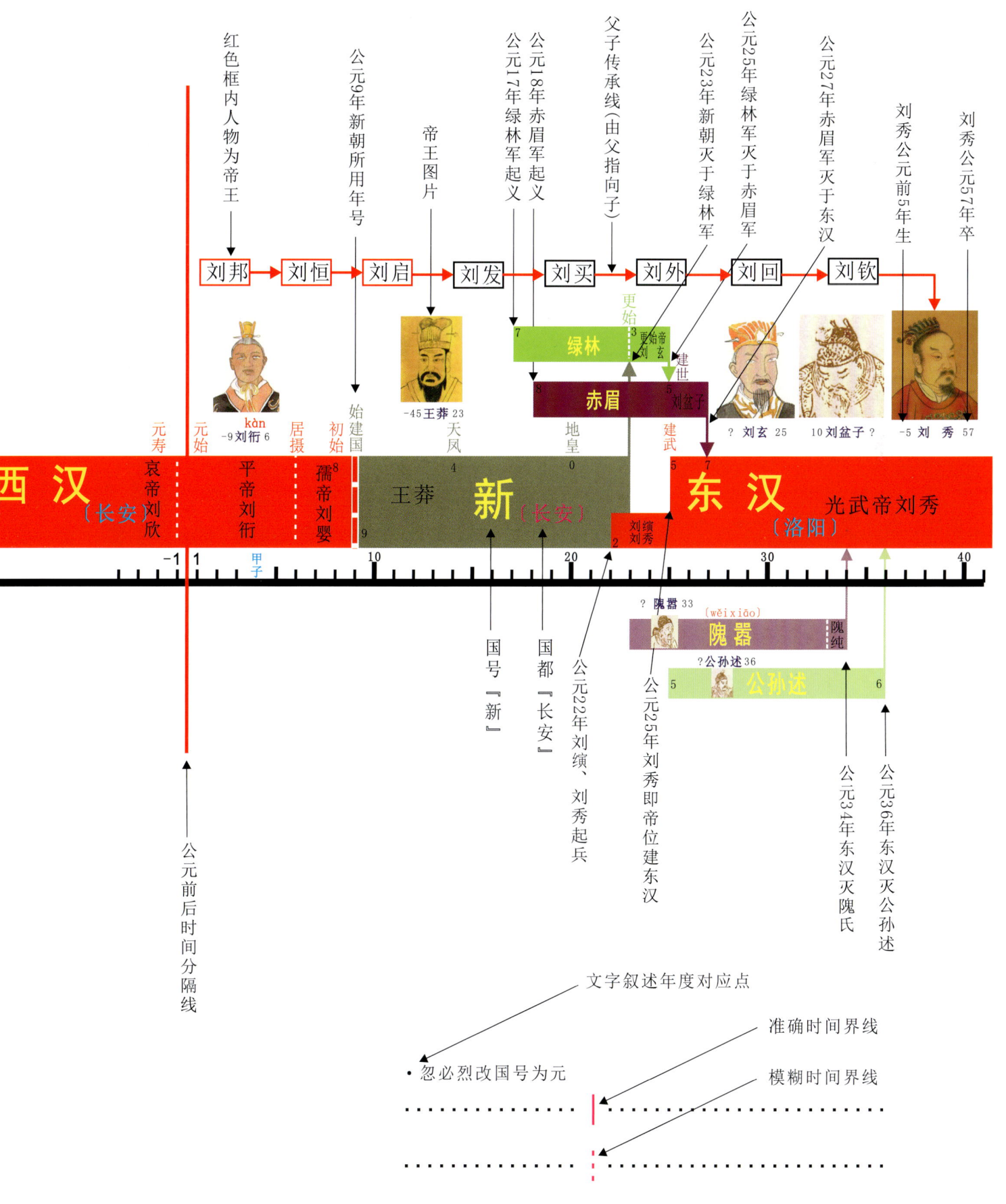

一、时间标注点
　　内容提要
　　重要的时间节点

| 人类的初始阶段 | 有巢氏筑木为巢 | 保存和利用自然火 | 燧人氏钻木取火 |

二、历史进程及图片说明

原始人捕杀动物、采集植物

山顶洞人用火的情形

有巢氏：
　　上古之世，人民少而禽兽众，人民不胜禽兽虫蛇。有圣人作，构木为巢，以避群害，而民说(悦)之，使王天下，号有巢氏

三皇之燧人氏：
　　上古之世，民食果蓏〔luǒ〕蚌蛤，而伤害腹胃，民多疾病。有圣人作，钻燧取火，以化腥臊，而民说(悦)之，使王天下，号燧人氏，奉为火祖

三、帝王传承关系图
（箭头由父指向子）

四、主要政权使用年号
（彩条旁同颜色字）

燧人氏

五、朝代、帝王变更图

人类初始阶段（蒙昧时期） ｜ 元谋人 ｜ 蓝田人 ｜ 和县人 ｜ 北京人 ｜ 金牛山人 ｜ 大荔人 桐梓人 马坝人 许家窑人 丁村人 ｜ **三　皇　时　代** ｜ 萨拉乌苏人 柳江人 水洞沟人 ｜ 左镇人 山顶洞人 资阳人 ｜

六、公历时间主轴线

传说中的有巢氏时代　　　　　　传说中的燧人氏时代

300万年前　170万年前　100万年前　　70万年前　　　20万年前　　10万年前　　　4万年前　　-10000

原 始 人 群 时 期　　　　　　　　　　　　　　　**母 系 氏 族 公 社 时 期**

七、文字叙述

地球上出现人类 ｜ 使用打制石器 ｜ 有巢氏构木为巢 ｜ 会用简单语言交流 ｜ 茹毛饮血时期 ｜ 使用兽皮缝制衣服 ｜ 开始熟食 ｜ 使用和保存自然火种 ｜ 会用熟食 ｜ 燧人氏钻木取火 ｜ 发明了弓箭 ｜ 出现原始宗教 ｜ 掌握磨光和钻孔技术 ｜ 会驯化狗

关于地球：地球是人类唯一的家园，地球的年龄约有46亿岁，它上面原来是没有生命的，经历了由无生命到有生命，由低级生物到高级生物，由猿到人的漫长进化过程。人类最早出现于非洲，渐次迁移至亚洲、欧洲、美洲和大洋洲

关于人类：人类的历史只有二三百万年，我国的文明史约有五千年，有确切文字记载的历史至今为止是2864年，如果用长度来表示时间的话，假设地球的年龄是10000米，则人类的年龄就是5米，我国的文明史就是10毫米，有确切文字记载的文明史就是6毫米，百岁老人只有0.2毫米。所以在人类历史的时间轴上，每一个人的生命历程只近似一个点

人工取火的意义：钻木取火是人类第一次支配了一种自然力，逐渐摆脱了茹毛饮血的生活方式，进入了熟食阶段。扩大了食物来源，减少了疾病，促进了大脑的发育和体质的进化，最终把人同动物界分开。其意义超过了延伸人体力的蒸汽机和延伸人脑力的电子计算机

八、文物、人物图片
　　文字简介

从　猿　到　人　的　进　化　示　意　图

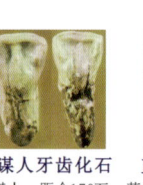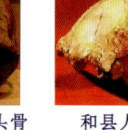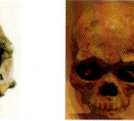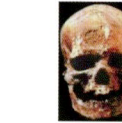

元谋人牙齿化石｜蓝田人头骨｜和县人头骨｜北京人复原像｜金牛山人头骨｜大荔人头骨｜丁村人头骨｜柳江人头盖骨｜左镇人头盖骨｜山顶洞人塑像

元谋人：距今170万年左右，是已知的我国境内最早的人类，是1965年在云南省元谋县发现的

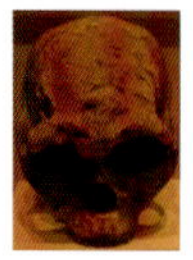

蓝田人：距今115万-65万年，是1963年在陕西省蓝田县发现的，脑容量比北京人小，属早期直立人

和县人：距今70万-60万年，是1980年在安徽省和县发现的，已会使用火，并会加工骨器和角器

北京人：1927年在北京周口店龙骨山发现，距今70万-23万年，属晚期直立人，1941年头骨化石遗失

金牛山人：是1974年在辽宁营口金牛山发现的，距今26万年，处于直立人向智人过渡阶段

大荔人：是1978年在陕西省大荔县发现的，距今约10万年，华北地区已进入旧石器时代的早期智人

丁村人：北方的早期智人，1954年于山西省襄汾县丁村发现，丁村人化石3个小孩牙齿，距今10万-5万年

柳江人：1958年在广西壮族自治区柳州市柳江县的通天岩洞穴中发现的，属蒙古人种，距今约5万-4万年

左镇人：1971年于台湾省台南县发现的，距今晚期现代人，山西朔州峙峪人时代，距今约3万年

山顶洞人：1930年发现于北京周口店龙骨山山顶的洞穴中，距今约1.8万年，模样很接近现代人

| 伏羲创八卦 | 渔猎、采集为主要生活来源 | 神农尝百草 | 农耕文明 | 结绳记事 | 阪泉之战 | 涿鹿之战 | 炎黄文化形成 | 嫘祖养蚕 | 仓颉造字 | 禅让时代 | 大禹治水 | 国家产生 |

荤(xūn)鬻(yù)（匈奴先祖）

商朝和周朝的始祖都是黄帝 → 黄帝……玄嚣……桥极……帝喾 ┬ 后稷〔弃〕……
　　　　　　　　　　　　　　　　　　　　　　　　　　　　　└ 契 …………昭明

黄帝世家：
五帝之中颛顼是黄帝之孙，帝喾是黄帝曾孙，帝尧为帝喾之子，帝舜是颛顼六世孙。虽非世袭，亦是"家天下"

浙江河姆渡遗址的稻谷化石遗存　　隶首作数　　结绳记事　　黄帝战蚩尤〔涿鹿之战〕

三皇之伏羲(xī)氏：
伏羲氏结绳为网，教民以畋(猎)以渔，"画八卦以治天下"。又以龙命官，把龙作为氏族图腾，"龙的传人"之说可能出自这里

三皇之神农氏：
相传神农之世，人民多而禽兽少，衣食不足，疾病流行。神农于是斫木为耜，揉木为耒，教民播种五谷。又尝百草酸咸，察水土甘苦，一日遇七十毒而兴医药，号为神农，奉为药祖

禹之世家：
禹之父曰鲧，鲧为颛顼后代，颛顼之父曰昌意，昌意之父曰黄帝，由此可知，夏朝的王族是黄帝的后代

注：箭头之间为父子关系，由父指向子，黑色框表示非帝王，以后类同

帝王血统传承图〔龙脉图〕

黄帝 → 玄嚣 → 桥极 → 帝喾 → 帝尧
　↓
　昌意 → 颛顼 → 穷蝉 → 敬康 → 句望 → 桥牛 → 瞽叟(gǔsǒu) → 帝舜

伏羲氏　神农氏　　　　　黄帝　颛顼　帝喾　帝尧　帝舜　尧舜禅让

三皇时代 | 裴李岗文化 | 磁山文化 | 仰韶文化 | 河姆渡文化 | 半坡文化 | 大汶口文化 | 红山文化 | 良渚文化 | 龙山文化 | 五帝时代 黄帝 颛顼〔帝丘〕 帝喾〔亳(bó)〕 帝尧〔平阳〕 帝舜 | 禹 夏〔阳城〕

传说中的伏羲氏时代　　　　　　　　　　　　　　　传说中的神农氏时代　　　　甲子　　　　　　　　　　　　　　　-2070 60 50 40

-8000　-7000　-6000　-5000　-4000　　　　　　　-3000 -2697

母系氏族公社时期 ← → **父系氏族公社时期**

- 结网捕猎、驯养牲畜
- 出现了契刻符号
- 发明了七音阶骨笛
- 发明了纺织技术
- 发明了制陶技术
- 使用磨制石器
- 会织麻布、制麻衣
- 以农业生产为主要生活来源
- 长江流域是世界水稻起源中心之一
- 神农氏尝百草，始有医药
- 制彩陶技术比较成熟
- 以农为主，兼营畜牧和狩猎
- 会制作黑陶、白陶和玉器
- 隶首作数。结绳记事
- 仓颉造字
- 嫘祖养蚕
- 涿鹿之战，征服蚩尤
- 阪泉之战，炎黄一统
- 炎黄文化形成
- 黄帝姓姬，名轩辕
- **黄帝纪元元年**（黄帝命大挠作甲子纪年）
- 颛顼居帝丘
- 帝喾继位
- 帝喾居亳
- 尧舜禅让
- 鲧治水失败
- 大禹治水
- 禹征三苗
- 夏朝建立
- 国家机构初步形成
- 发展农业
- 涂山会盟
- 奚仲发明了车
- 铸九鼎，以铜为兵
- 禹划九州
- 出现私有财产
- 禹伐有扈氏

原始农业：主要的耕作方法是刀耕火种。人们先用石刀、石斧把草木砍倒，晒干后放火焚烧，然后再用石犁翻土播种。土地耕种一段时间后，地力下降，为了寻找肥沃的土地，人们不得不经常迁徙

石犁

手持双齿耒的神农氏(画像石刻)

轩辕黄帝像

古代早期政治制度：五帝时代后期，活跃在黄河流域的部落联盟就已初具国家规模。随着夏朝的建立，开始出现了早期国家政治制度，王位世袭制以及西周开始的等级森严的分封制和靠血缘关系维系的宗法制，构成了中国古代早期政治制度的主要特点

 乳钉纹陶鼎（裴李岗文化）
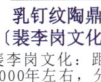 石磨盘、磨棒（磁山文化）
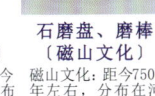 陶缸、石斧（仰韶文化）
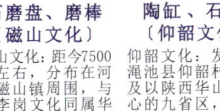 木耒(lěi)、骨耜(sì)（河姆渡文化）
 鱼陶盆（半坡文化）
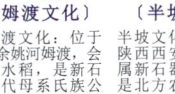 嵌松石骨雕筒（大汶口文化）
 女神头像（红山文化）
 良渚玉枭(xiāo)（良渚文化）
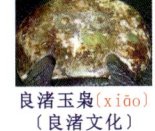 裸体浮雕彩陶壶（马家窑文化）
 龙山文化遗物
 嫘(léi)祖
 仓颉(jié)
 蚩(chī)尤
 岐伯
 雷公
 玄嚣
 后稷(jì)
 契(xiè)
 皋陶(gāoyáo)
 鲧(gǔn)

04

时间轴（约 -2000 至 -1700）

重要事件： 禹划九州 | 甘之战 | 太康失国 | 后羿篡权 | 寒浞篡位 | 历法产生 | 少康中兴 | 少康造酒 | 监狱产生 | 孔甲乱政

华胥世系

不窋(zhú) — 鞠 — 公刘 — 庆节 — 皇仆 — 差弗

相土 — 昌若 — 曹圉 — 冥 — 振(王亥) — 微 — 报乙 — 报丙 — 报丁 — 主壬 — 主癸 — 成汤

图片说明

- 大禹与妻子画像
- 太康无道失国
- 少康杀寒浞之子寒浇
- 最早的青铜容器夏代铜爵
- 有夏昏德图
- 夏桀骑人图
- 二里头夏宫殿复原图
- 后羿射日画像石

夏朝君主世系

禹 → 启 → 太康 → 仲康 → 相 → （无王之世，寒浞为此时期实际统治者）→ 少康 → 予 → 槐 → 芒 → 泄 → 不降 → 扃(jiōng) → 廑(jǐn) → 孔甲 → 皋(gāo) → 发 → 桀(jié)〔癸〕

夏（老丘）

君主事迹（自左至右）

- **禹**：传说伯益发明凿井
- **启**：灭有扈氏。冶铜铸鼎。(伯)益干启位，启杀之。禹传子，家天下
- **太康**：太康不恤民事
- **仲康**：世界上最早之日食记录。羲和沉迷于酒，废时乱日。后羿篡权，太康失国
- **相**：寒浞明其子浇杀帝相。寒浞使其子浇杀帝相，帝相迁居帝丘
- **无王之世**：寒浞篡位。夏政凌乱，帝相迁居帝丘。伯靡灭寒浞而立少康
- **少康**：予佐其父平定寒浞之乱。伯靡灭寒浞而立少康。少康中兴
- **予**：予作甲和矛使其子征东夷。予迁都于原又迁老丘
- **槐**：少康初作秫酒。槐三年，九夷来朝
- **芒**：槐作圜土（监狱）
- **泄**：畎夷等受夏爵命
- **不降**：不降六年伐九苑
- **扃**：不降在位59年卒，其弟扃立
- **廑**：夏退居西河
- **孔甲**：孔甲乱夏，国日衰
- **皋**：孔甲有《盘盂》铭二十六篇
- **发**：发元年，泰山震。发七年陟。我国最早陨石雨之记录
- **桀**：商使伊尹至夏，告以尧舜之道。终古奔商。关龙逢进谏为桀囚杀。帝桀无道，肉山酒池，赋敛无度

下方人物像（自左至右）

奚仲、相首、不窋、公刘、伯益、胤侯、后羿(yì)、寒浞(zhuó)、伯靡、曹圉、冥、王亥、绵臣、微（上甲微）、报丁、庆节、主壬、主癸、差弗、关龙逢、终古

- **奚仲**：山东枣庄人，造车有功，因造车有功被禹封为车正
- **相首**：商部落首领，契之孙，以马作为运载工具，是马车的发明者
- **不窋**：后稷子，周部族首领，稷死后继之，甘肃庆阳人，开垦荒地，晚年丢官
- **公刘**：不窋之子，周部族首领，开拓农耕文化
- **伯益**：皋陶之子，因助禹治水有功，被选为继承人，被启杀死
- **胤侯**：夏朝大臣，仲康始治理四海，胤侯受仲康之命掌管夏六师
- **后羿**：有穷氏部落首领，统治者，声名大，不以王称之，而称无王之世
- **寒浞**：后羿所杀
- **伯靡**：夏帝相康开始治理，名声大。后寒浞所杀
- **曹圉**：商部落首领，受封于商丘
- **冥**：王亥同时代人，是商部族的第八任首领
- **王亥**：驯养牛作为运载货物的贸易之王，亥之子报甲为华商始祖
- **绵臣**：有易国国王，杀了来贸易的王亥以报仇
- **微（上甲微）**：商族人，商部族首领，成汤的曾祖
- **报丁**：商部族首领，成汤的曾祖
- **庆节**：公刘之子，继承父业，在豳地立周族
- **主壬**：报丁之子，商汤之祖父，继报丙之位
- **主癸**：主壬之子、商汤之父，继主壬之位
- **差弗**：姬姓，周部族首领，黄帝十世孙，帝喾后
- **关龙逢**：夏桀无道大臣，夏淫无道，关龙逢直谏被杀
- **终古**：夏太史令，夏桀无道，终古出走投商

时间轴事件

-1600 鸣条之战 灭夏建商 伊尹辅政 放迎太甲
-1500 甲骨文
伊陟辅政
-1400 九世之乱
-1300 盘庚迁殷
武丁伐羌

桀崩，其子淳维妻其众妾，遁于北野，随畜而徙，号荤育。从此夏桀王残部的一支融入北方游牧民族

山戎

鬼方

毁隃 ……… 公非 ……… 高圉[yǔ] ……… 亚圉 ……… 公叔祖类

汤之始祖名契，相传为帝喾之后裔，因佐禹治水有功，被封于商(商丘)，因以为族名、国名

伊尹与太甲谈国是

盘庚迁殷

商王世系

太丁

成汤 — 外丙 — 中壬 — 太甲 — 沃丁 — 太庚 — 小甲 — 雍己 — 太戊 — 中丁 — 外壬 — 河亶甲(dǎn) — 祖乙 — 祖辛 — 沃甲 — 祖丁 — 南庚 — 阳甲 — 盘庚 — 小辛 — 小乙 — 武丁

王朝

桀 (老丘) | 商 (亳)

成汤 | 外丙 | 中壬 | 太甲 | 沃丁 | 太庚 | 小甲 | 雍己 | 太戊 | 中丁 | 外壬 | 河亶甲 | 祖乙 | 祖辛 | 沃甲 | 祖丁 | 南庚 | 阳甲 | 盘庚 | 小辛 | 小乙 | 武丁

事件注释（自右向左）

- 桀召汤，囚于夏台
- 桀灭有缗氏而元气大伤
- 鸣条之战，汤灭夏之属国
- 汤伐夏，夏桀败逃后，又助灭"三孽"
- 自契至汤八迁，居于亳
- 中壬以伊尹迎太甲
- 伊尹卒，葬于亳
- 伊尹放逐太甲，中壬以伊尹为卿
- 雍己崩，葬于亳，雍己时国衰
- 巫咸发明鼓，以巫咸『治王家』
- 太戊以伊陟为相
- 蓝夷为寇，中丁征之
- 中丁自亳迁于嚣
- 中衍为车正
- 先征蓝夷，再征班方，商复兴
- 自嚣迁相，商复衰
- 祖乙迁都于邢
- 祖乙时巫贤任职，商复兴
- 沃甲居庇
- 世界上日珥现象的最早记录
- 自中丁至阳甲，因废嫡而衰
- 自庇迁于奄
- 盘庚名旬
- 盘庚被称为中兴贤王
- 盘庚迁殷
- 殷商甲骨文
- 小辛名敛，居殷
- 小乙名敛，居殷
- 武丁举傅说为相，武丁少时『久劳于外』
- 武丁伐鬼方
- 妇好统兵征"四方"，西击羌方
- 商处于极盛时期，用粪肥田，集体耕作
- 小辛名颂，居殷，诸侯来朝

下方人物

葛伯 | 义伯 | 仲伯 | 妹(mò)喜 | 毁隃 | 女(rǔ)鸠 | 女(rǔ)房 | 伊尹 | 仲虺(huǐ) | 公非 | 高圉(yǔ) | 尹陟 | 巫咸 | 中衍 | 亚圉 | 巫贤 | 公叔祖类 | 甘盘 | 傅说(yuè) | 妇好

甲骨文与现代文对照

人	日	孙	宋	曹	朝	中	周	王	鸟
龟	果	田	舞	大	旦	沓	单	望	束

殷墟出土的刻有卜辞的牛骨①
殷墟出土的刻有卜辞的牛骨②
甲骨文与现代文对照
妇好青铜鸮尊

西周时期历史图表

时间轴顶部事件
- 武丁中兴
- 文王演周易 武王伐纣 分封制 宗法制 井田制
- -1046 三监之乱 成康之治
- 厉王止谤 国人暴动 共和行政
- -841 -841--827

周公辅佐成王图

画像砖中描述的"国人暴动"

周边民族
- 山戎
- 鬼方

周王世系
古公亶(dǎn)父 — 季历

泰伯、仲雍(吴国之先祖)

由于周太王古公亶父欲传位给少子季历及季历子姬昌(即周文王),所以泰伯和仲雍便主动让位,并出逃至吴。泰伯、仲雍被后世奉为东吴文化的始祖

季历 → 文王姬昌 → 武王姬发 → 成王姬诵 → 康王姬钊 → 昭王姬瑕 → 穆王姬满 → 西周(镐京) → 共王姬繄扈 → 懿王姬囏 / 孝王姬辟方 / 夷王姬燮 → 厉王姬胡 → 共和行政

周族之始祖后稷名弃,为帝喾之正妃姜嫄所生。繁衍到商朝成为商朝的属部,居于邰,传至公刘时迁于豳(bīn),到古公亶父时定居周原。到文王时迁都于丰,武王灭商后定都于镐京。因是黄帝后裔,所以姓姬

武王克商:公元前1046年,武王下令出师伐纣。武王以姜太公为军师,发兵五万与纣王战于牧野。纣师虽众,纷纷倒戈,纣王大败,登鹿台自焚而死,商亡

武王克商后四年卒,太子诵立,是为成王,成王年少,不能听政,周公摄政七年还政于成王

- -1152 姬昌 -1056
- -1087 姬发 -1043
- ? 姬诵 -1026
- ? 姬钊 -996
- ? 姬瑕 -977
- ? 姬满 -922
- ? 姬繄扈 -900
- -937 姬囏 -892 / jiān
- ? 姬辟方 -886
- ? 姬燮 -879
- ? 姬胡 -828

商王世系
祖庚 → 祖甲 → 廪辛 → 康丁 → 武乙 → 文丁 → 帝乙 → 帝辛

- ? 康丁 -1135
- ? 武乙 -1100
- ? 文丁 -1087
- ? 帝乙 -1078
- ? 帝辛 -1046

商(殷) 武丁 祖庚 祖甲 廪辛 康丁 武乙 文丁 帝乙 帝辛(殷纣zhòu王)

商朝处于鼎盛时期

商代历法为阴阳合历

后母戊鼎是中国现存古代体型最大的青铜器

牧野之战(-1046年)

诸侯国世系

箕子建古朝鲜国 — 箕侯国

封武王弟叔振铎 — 曹叔振铎 — 曹太伯 — 曹(陶丘) — 曹仲君 — 曹宫伯 — 曹孝伯 — 曹夷伯 — 曹幽伯

封成王弟叔虞于唐(后改晋) — 唐叔虞 — 晋侯燮 — 晋(曲沃) — 晋侯 — 晋成侯 — 晋厉侯 — 晋靖侯 — 晋釐侯

封武王弟叔度 — 蔡叔度 — 蔡仲胡 — 蔡(下蔡) — 蔡伯荒 — 蔡宫侯 — 蔡厉侯 — 蔡武侯 — 蔡夷侯

封颛顼后代熊绎 — 熊绎 — 熊艾 — 楚(丹阳) — 熊䵣 — 熊胜 — 熊杨 — 熊渠 — 熊挚 — 熊延 — 熊勇 — 熊严

封周公之子伯禽于鲁 — 伯禽 — 考公/炀公 — 鲁幽公 — 鲁魏公 — 鲁(曲阜) — 鲁厉公 — 鲁献公 — 鲁真公

封召公奭于燕 — 燕召公 — 燕(蓟) — 燕×侯(第二至第八任无记载) — 燕惠侯

封微子于宋 — 宋微子 — 宋微仲 — 宋公稽 — 宋(商丘) — 宋丁公 — 宋湣公 — 宋炀公 — 宋厉公 — 宋釐公

(越为夏朝少康之后) — 越(会稽)

封功臣姜尚 — 姜尚 — 齐丁公 — 齐乙公 — 齐(营丘) — 齐癸公 — 齐哀公 — 齐胡公 — 齐献公 — 齐武公

封武王弟叔卫康叔 — 卫康伯 — 卫考伯 — 卫嗣伯 — 卫(朝歌) — 卫疌伯 — 卫靖伯 — 卫贞伯 — 卫顷侯 — 卫釐侯

封舜后代妫满 — 陈胡公 — 陈申公 — 陈(宛丘) — 陈相公 — 陈孝公 — 陈慎公 — 陈幽公

封仲雍后代周章 — 吴王周章 — 吴 — 吴王熊遂 — 吴王柯相

周孝王封非子于秦(不在诸侯之列) — 非子 秦 — 秦侯 — 秦仲

下方事件竖排
- 周公卒
- [三监之乱] 封71国,姬姓53
- 姜尚卒
- 成康之治
- 伐鬼方
- 召公奭卒
- 昭王南征
- 金文出现
- 穆王西征
- 穆王征犬戎
- 吕侯作吕刑
- 共王灭密
- 王室衰微,戎狄得江、汉民心,夷王攻之
- 楚君得江、汉民心,周天子下堂而见诸侯
- 戎狄不朝,夷王攻之
- 国人暴动
- 伐太原之戎
- 周召共和

西周宗法制与分封制关系示意图

天子
├─ (大宗)嫡长子继任为 **天子**
│   ├─ (大宗)嫡长子继任为 **天子**
│   └─ (小宗)分封为 **诸侯**
└─ (小宗)分封为 **诸侯**
    ├─ (大宗)嫡长子继任为 **诸侯**
    │   ├─ (大宗)嫡长子继任为 **诸侯**
    │   └─ (小宗)分封为 **卿大夫**
    └─ (小宗)分封为 **卿大夫**
        ├─ (大宗)嫡长子继任为 **卿大夫**
        │   ├─ (大宗)嫡长子继任为 **士**
        │   └─ (小宗)分封为 **士**
        └─ (小宗)为庶民

注:嫡长子为大宗,其余诸子为小宗

秦国:秦国与赵国的王族都是伯益的后裔,造父的侄孙非子因养马有功,被周孝王封于秦,使续嬴氏祀,号秦嬴,为秦国始祖

召公鼎

人物画像

| 秦伯 | 仲雍 | 伯夷 | 叔齐 | 散宜生 | 妲(dá)己 | 闳(hóng)夭 | 太颠 | 鬻熊(yù xióng) | 梅伯 | 蔡叔 | 商容 | 商高 | 比干 | 箕(jī)子 | ?周公旦 -1033 | ?姜尚 -1020 | 微子 | 召公奭(shì) | 造父 |

（每位人物下附简短生平介绍）

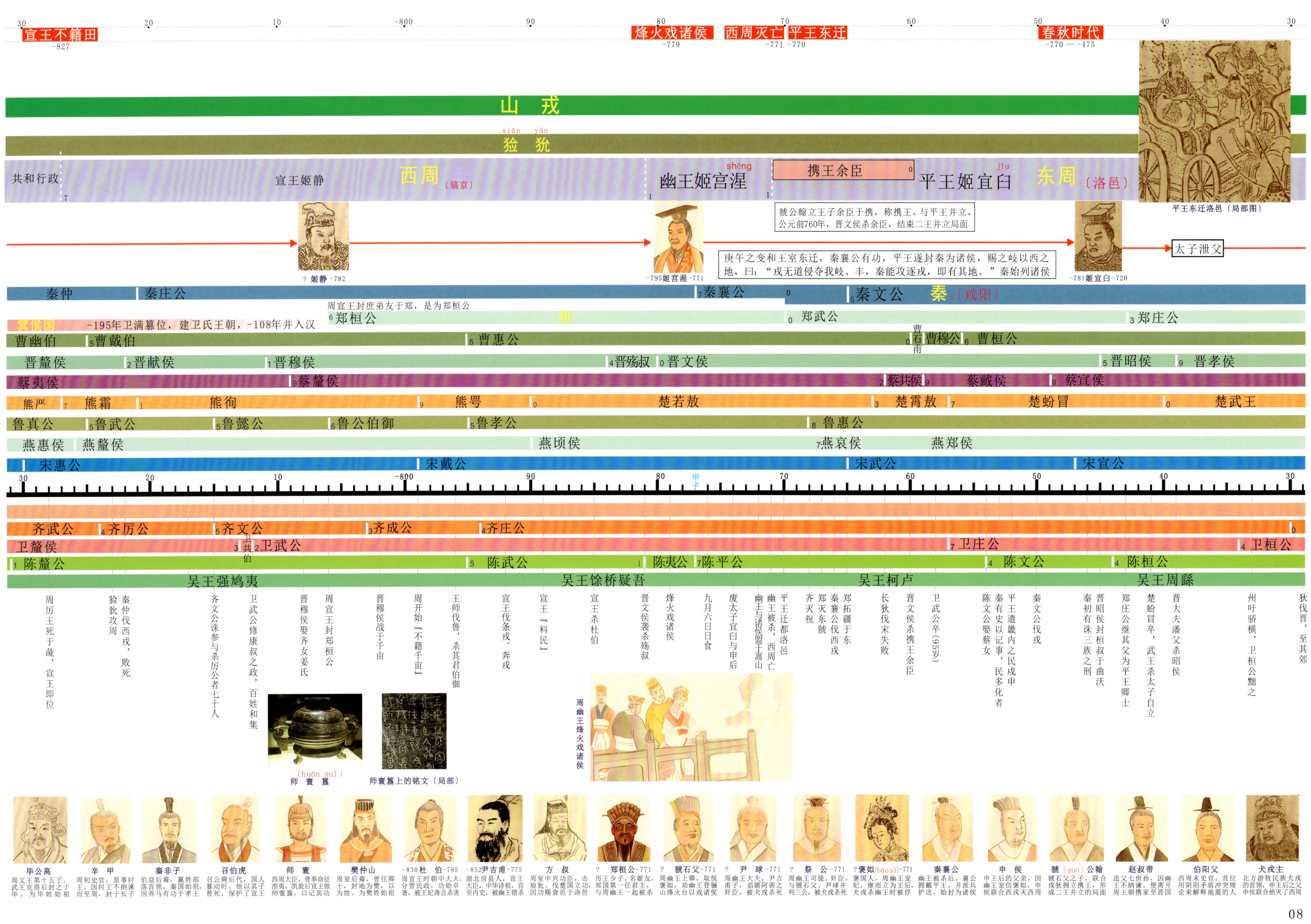

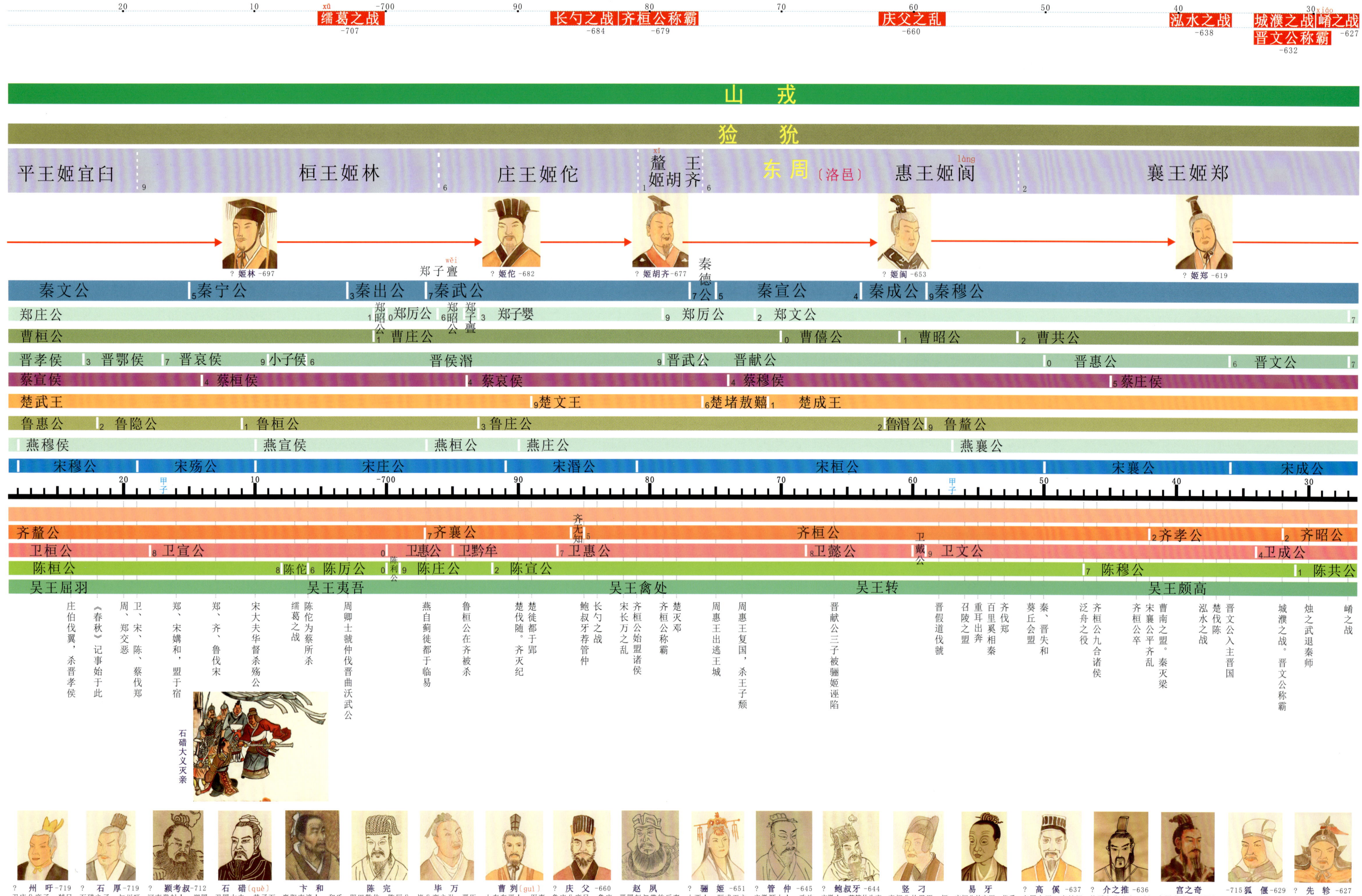

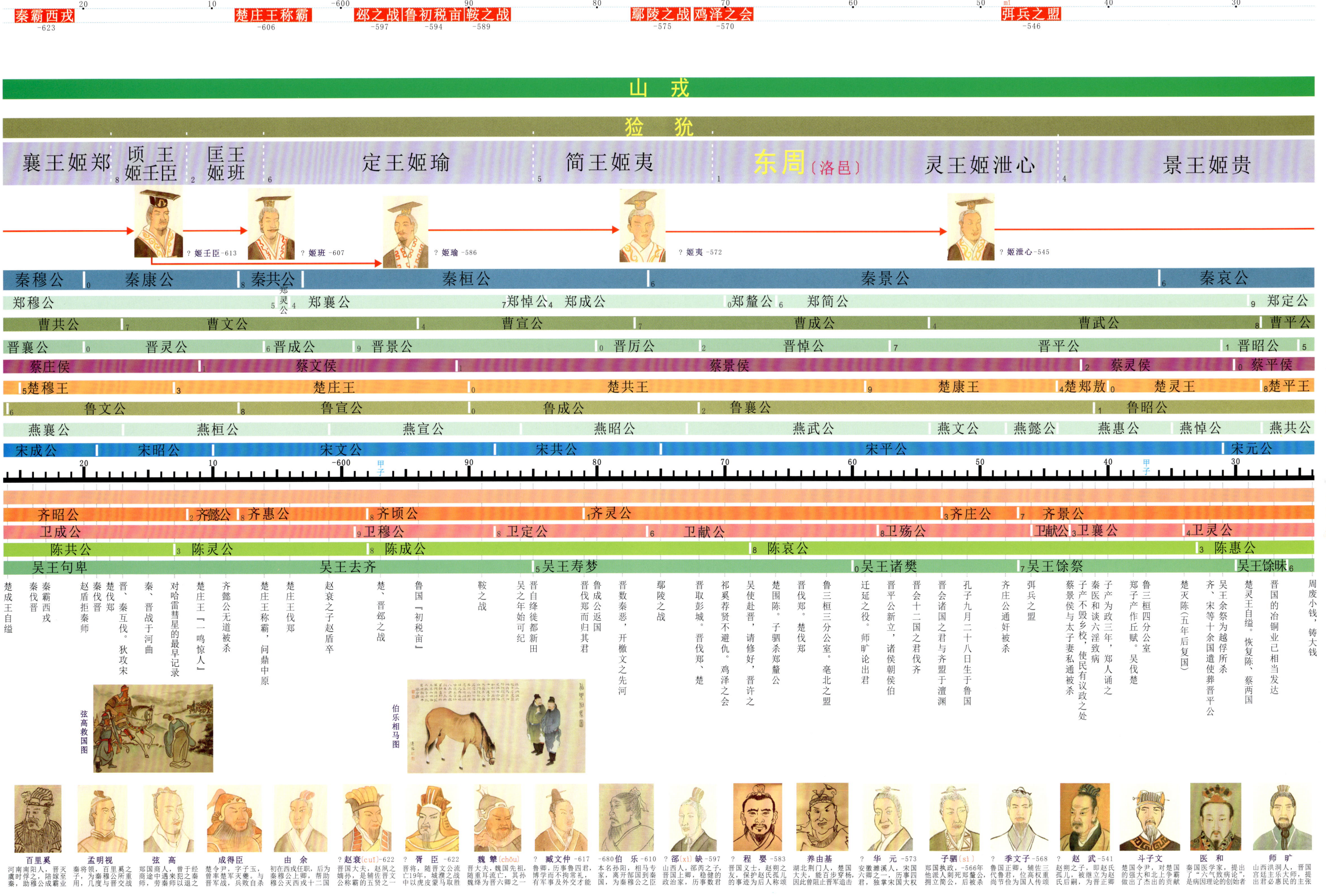

时间轴大事记

年代	事件
-506	柏举之战
-497	孔子周游列国
-494	吴王阖闾称霸
-491	卧薪尝胆
-479	白公胜之乱
-473	越王勾践称霸

赵国：始祖造父为伯益后裔，嬴姓，与秦同宗。周穆王赐造父以赵城，遂以邑为姓，世系为：造父→渠父→安父→梁父→莒父→奄父→赵叔带→赵公明→赵夙→赵共孟→赵衰→赵盾→赵朔→赵武→赵成→赵鞅→赵襄子

东胡

东胡是强盛一时的北方古老游牧民族，因居匈奴(胡)以东而得名。是一个部落联盟，包括当时族属相同而名号不一的大小部落

匈奴

东周（洛邑）

周王世系：景王姬贵 — 悼王姬猛 — 敬王姬匄(gài) — 姬朝 — 元王姬仁 — 贞定王姬介 — 哀王姬去疾 — 思王姬叔 — 考王姬嵬(wéi) — 威烈王姬午

- ?姬贵 -520
- ?姬猛 -520
- 姬朝 -516
- ?姬匄 -476
- ?姬仁 -469
- ?姬介 -441
- ?姬去疾 -441
- ?姬叔 -441
- ?姬嵬 -426

各诸侯国世系

秦：秦哀公 — 秦惠公 — 秦悼公 — 秦厉共公 — 秦躁公 — 秦怀公

郑：郑定公 — 郑献公 — 郑声公 — 郑哀公 — 郑共公 — 郑幽公

曹：曹悼公 — 曹襄公 — 曹隐公 — 曹靖公 — 曹伯阳（宋灭曹）

-458年晋四卿灭范氏、中行氏，-453年韩赵魏三卿灭智氏，六卿变三卿，形成三家分晋局面

晋：晋顷公 — 晋定公 — 晋出公 — 晋敬公 — 晋幽公（赵襄子、赵桓子、魏文侯）

蔡：蔡悼侯 — 蔡昭公 — 蔡成侯 — 蔡声侯 — 蔡元侯 — 蔡侯齐（楚灭蔡）

楚：楚平王 — 楚昭王 — 楚惠王 — 楚简王

鲁：鲁昭公 — 鲁定公 — 鲁哀公 — 鲁悼公 — 鲁元公

燕：燕平公 — 燕简公 — 燕献公 — 燕孝公 — 燕成公 — 燕湣公

宋：宋元公 — 宋景公 — 宋昭公

越：越王允常 — 越王勾践 — 越王鹿郢 — 越王不寿 — 越王朱勾

齐：齐景公 — 晏孺子 — 齐悼公 — 齐简公 — 齐平公 — 齐宣公

卫：卫灵公 — 卫出公 — 卫庄公 — 卫君起 — 卫出公 — 卫悼公 — 卫敬公 — 卫昭公 — 卫怀公

陈：陈惠公 — 陈怀公 — 陈湣(mǐn)公（楚灭陈）

吴：吴王僚 — 吴王阖闾(hé lǘ) — 吴王夫差（越灭吴）

大事记（自右向左）

- 诸侯平宋乱
- 敬王居狄泉，子朝奔楚，周敬王还洛邑，王子朝居王城
- 鲁昭公与三桓冲突，败逃齐国
- 赵鞅赋税铸鼎
- 吴灭徐，孙武为吴治兵
- 晋魏舒卒，范献子为政
- 柏举之战
- 晋伐周，郑伐周，鲁奉晋命伐郑
- 孔子诛少正卯
- 孔子周游列国
- 勾践质于吴
- 夫差杀伍子胥
- 冉求伐齐
- 艾陵之战
- 吴开通邗沟，联结江淮二水
- 勾践伐吴
- 孔子卒，有弟子三千，贤者七十二
- 齐人作《考工记》
- 越灭吴，越称霸
- 晋师伐齐。鲁哀公朝于越
- 三桓攻鲁哀公
- 鲁侯卑于三桓，晋、楚通好于秦
- 此前至少观测到三十七次日食
- 晋四卿灭范氏、中行氏
- 卫出公卒，悼公攻出公子而自立
- "三家分晋"的局面形成
- 越人迎女于秦
- 越王不寿被杀
- 晋灭伊洛阴戎，自此中原无戎患
- 楚灭杞。楚与秦和
- 周考王封弟揭于王城，称西周君
- 铸铁柔化处理技术比欧洲早近两千年
- 韩、赵、魏强大，晋侯反朝于三家
- 秦躁公卒，弟怀公立
- 卫怀公杀卫昭公自立
- 秦作上畤，下畤，上畤祭黄帝，下畤祭炎帝

人物简介

- **-582 子产 -522** 河南新郑人，著名政治家，执掌郑国政治，是著名的政治家。
- **-545 邓析 -501** 河南新郑人，思想家，郑国大夫，名家学派的先驱人物
- **-578 晏婴 -500** 山东高密人，政治家、外交家
- **? 少正卯 -500** 鲁国大夫，与孔子同争私学
- **-535 孙武 -521** 山东惠民人，军事家，曾率吴军险灭楚国，著有《孙子兵法》
- **-521 颜回 -490** 鲁国人，孔子得意门生，仁而好学，孔子对他称赞最多
- **-522 冉求 -489** 鲁国人，孔子得意门生，擅理财，帮季氏进行田赋改革
- **? 伍子胥 -484** 湖北监利人，伍奢之子，吴国重臣，苏州营造者
- **-532 孔鲤 -481** 曲阜人，孔子之子，因诞生时鲁昭公赐其一尾鲤鱼而得名
- **-542 子路 -480** 曲阜人，著名教育家，私人办学开山鼻祖，儒家思想的创始人
- **-551 孔子 -479** 山东泗水人，助勾践兴越灭吴，范蠡师之
- **? 文种 -472** 湖北江陵人，助勾践兴越灭吴
- **-571 老子 -471** 河南鹿邑人，哲学家，道家学派的创始人，著有《道德经》
- **? 申包胥 -469** 荆州人，楚国大夫，为救楚国哭秦廷
- **-520 子贡 -456** 卫国人，孔子得意门生，儒商始祖
- **-556 左丘明 -451** 传统史学的创始人，著有《左传》等
- **? 范蠡(lǐ) -448** 被尊为祖师，实业家、商圣
- **-507 鲁班 -444** 鲁国人，土木工匠家，云梯的发明者
- **-505 曾参 -435** 山东平邑人，颜回死后，孔子思想的正宗传人，儒家"宗圣"
- **-492 孔伋(jí) -431** 孔鲤之子，字子思，孔子之孙，受业于曾参

孔子讲学图

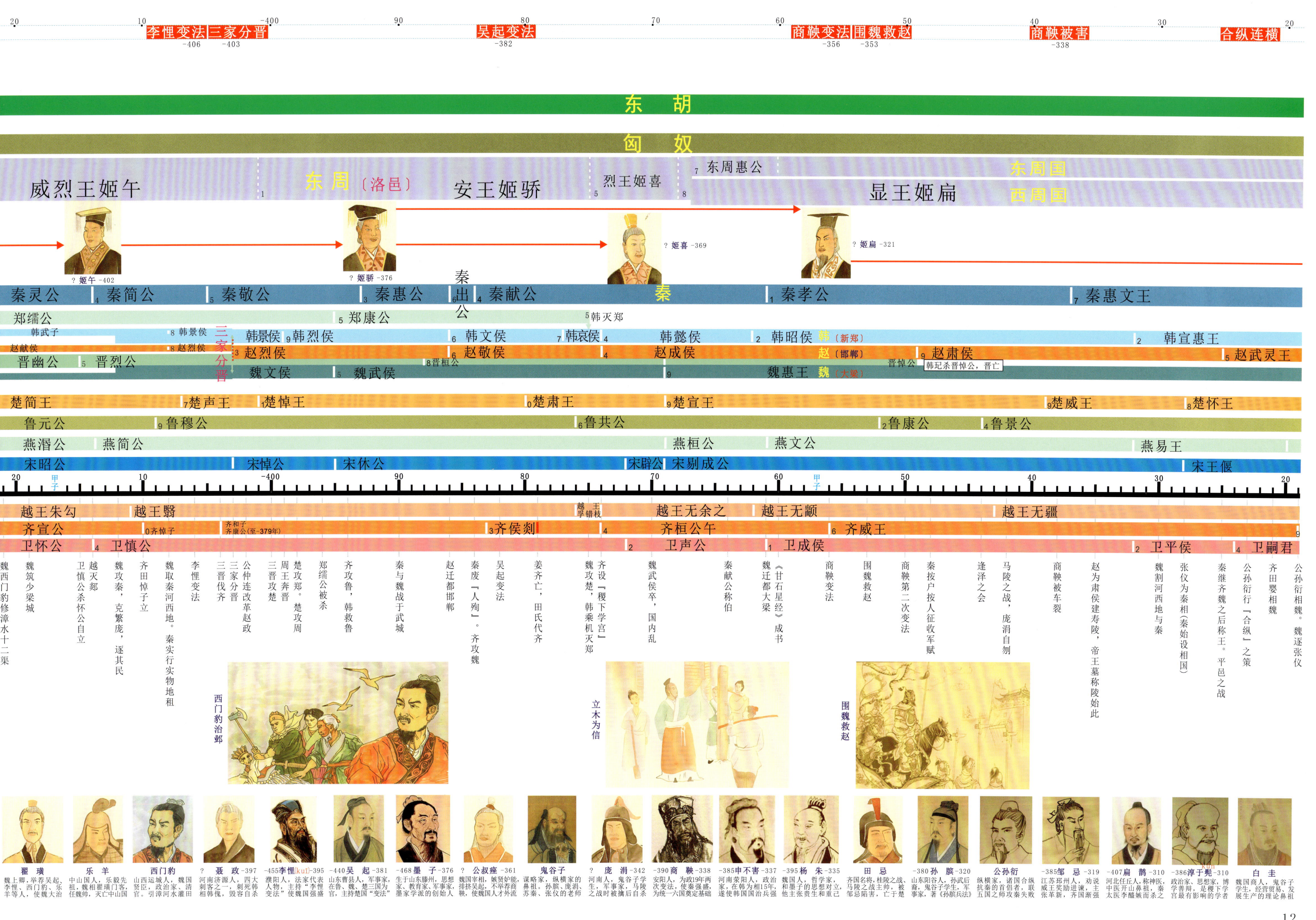

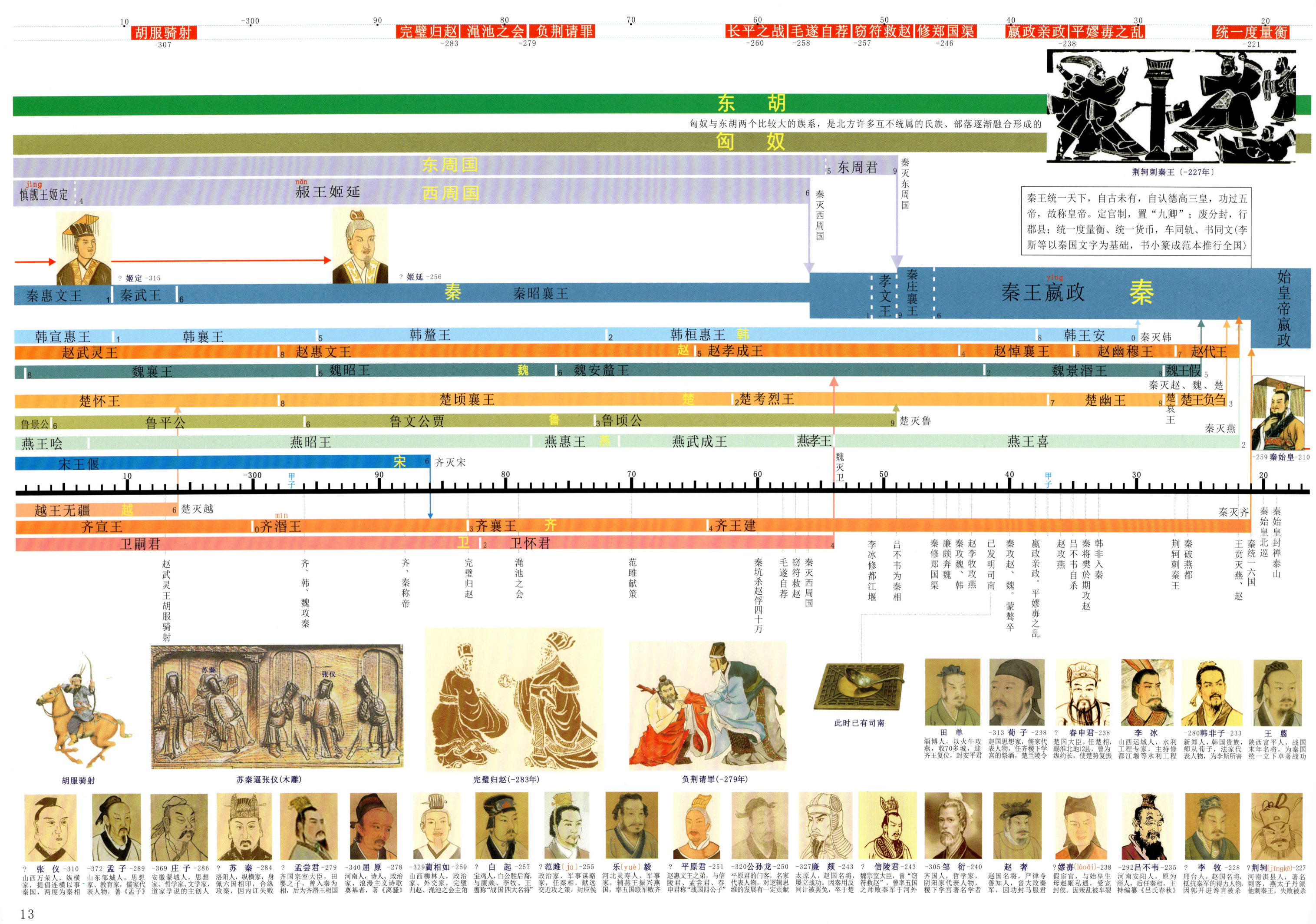

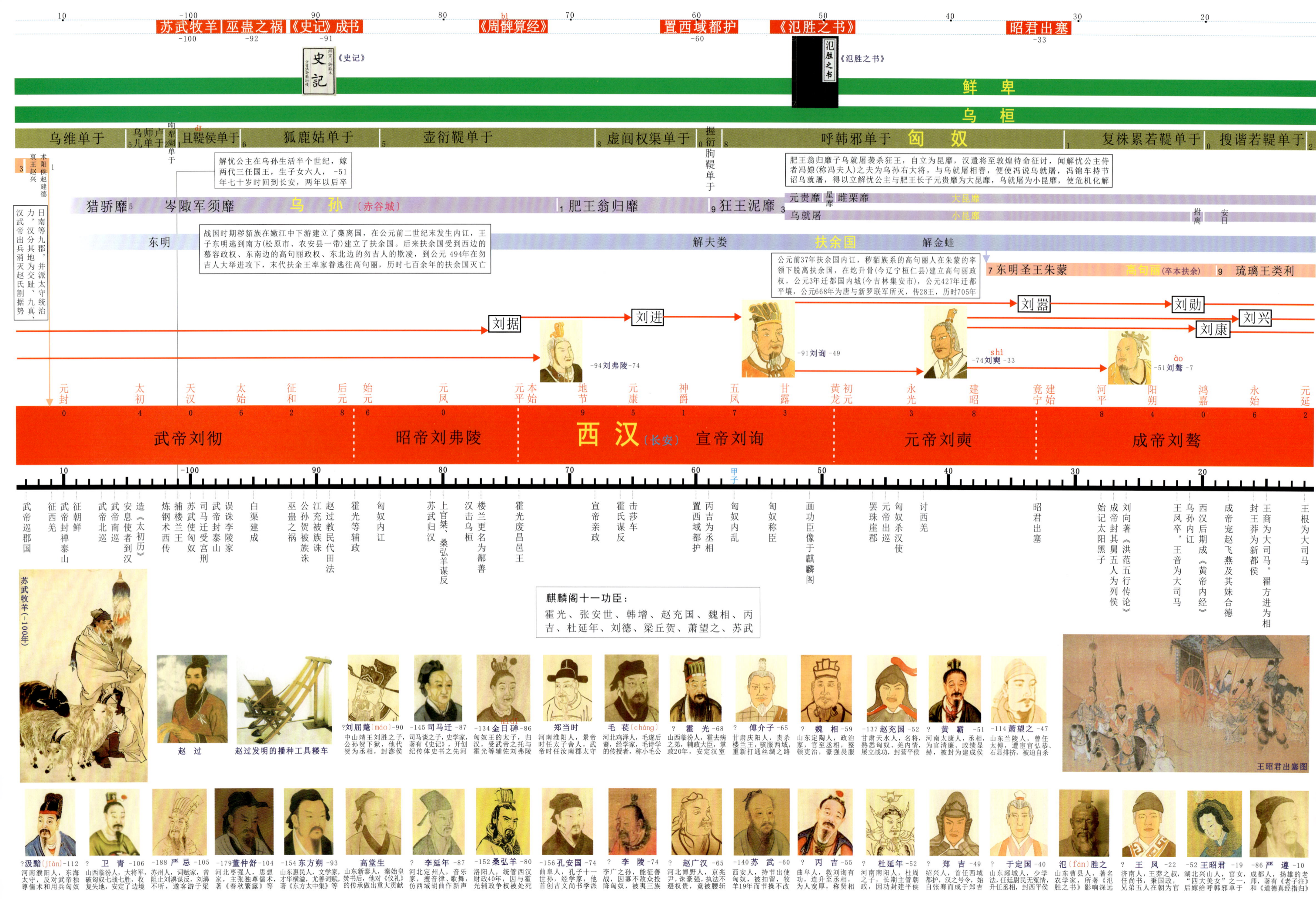

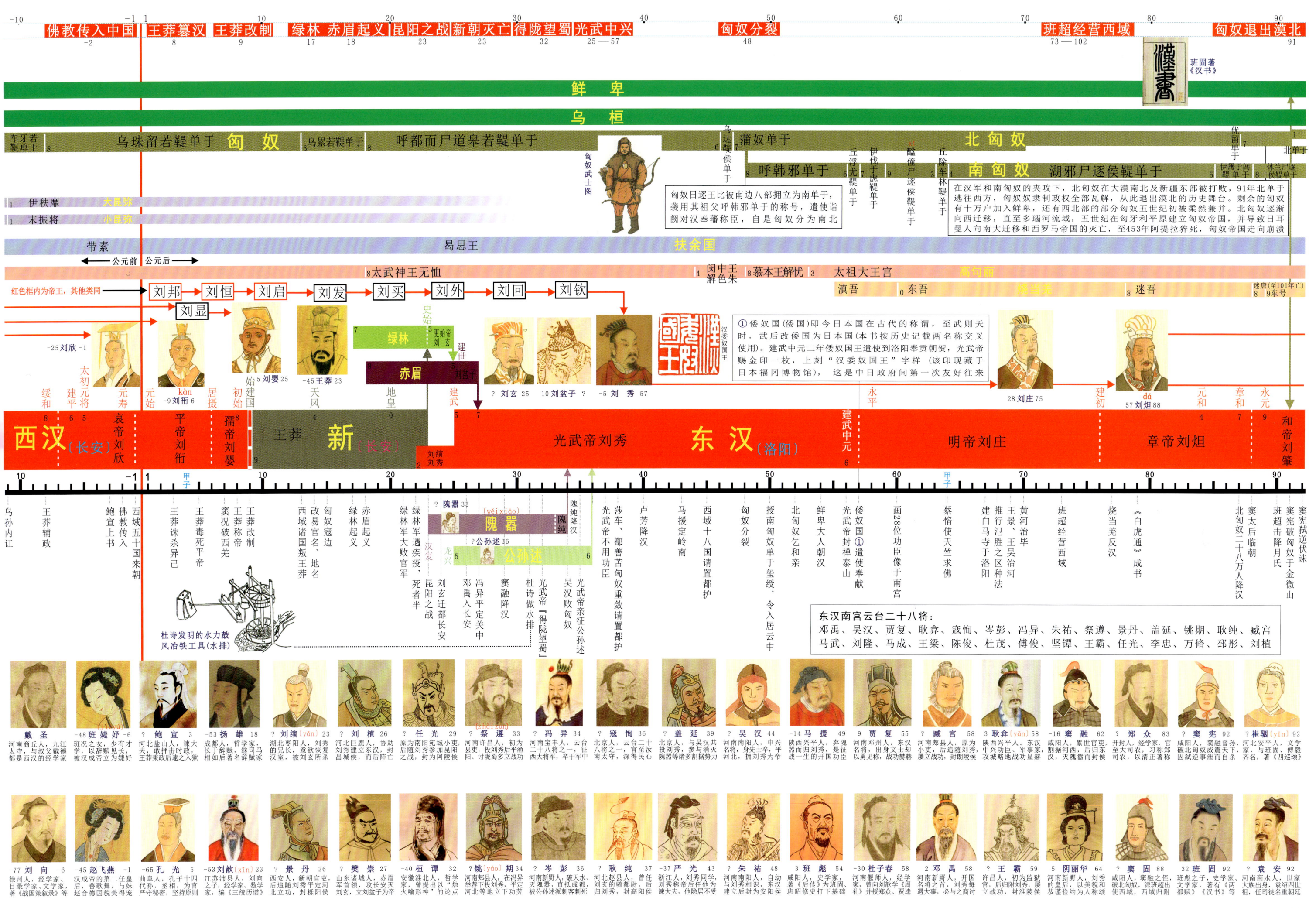

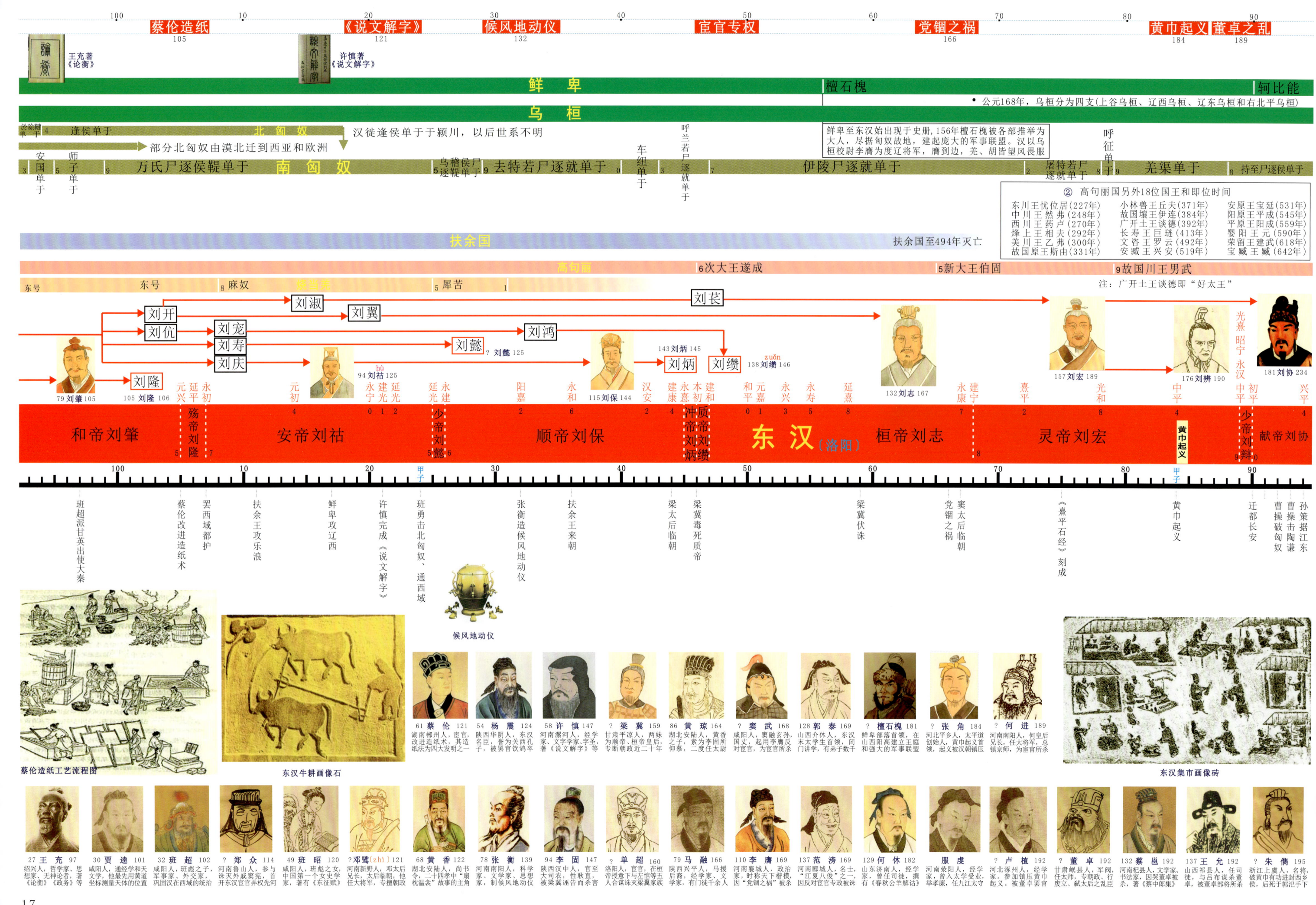

三国至西晋时期年表

上方事件（红色标注）
- 官渡之战 200
- 三顾茅庐 207
- 赤壁之战 208
- 行九品中正制 220
- 猇亭之战 222
- 七擒孟获 225
- 高平陵事变 249
- 石崇斗富 282
- 太康之治 281—289
- 八王之乱 291—306

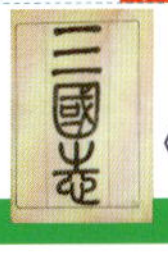

文化人物
- 建安七子：孔融、陈琳、王粲、徐幹、阮瑀、应玚、刘桢
- 竹林七贤：嵇康、阮籍、山涛、向秀、刘伶、王戎、阮咸
- 陈寿著《三国志》

北方民族
- 轲比能
- 东部鲜卑 — 莫护跋 — 慕容涉归 — 慕容廆
- 北部鲜卑 — 拓跋力微 — 拓跋悉鹿 — 拓跋绰
- 西部鲜卑 — 部分融入西亚和欧洲

鲜卑族的演化：
- 鲜卑 — 东部鲜卑（慕容氏、段氏、宇文氏等）
- 北部鲜卑（拓跋氏（萨孤氏、尉迟氏等））
- 西部鲜卑（秃发氏、乞伏氏、蒲察氏等）
- 室韦 — 蒙古族、锡伯族

敕勒最早生活在贝加尔湖附近，向南迁入中原的敕勒被称为丁零

拓跋鲜卑起源于大兴安岭北段的大鲜卑山，后近至大漠南北匈奴故地，曾参加檀石槐的军事联盟，至拓跋力微时初居五原，258 年迁于盛乐，诸部归服，组成了以拓跋部为首的部落联盟

晋封刘渊为建威将军、五部大都督、汉光乡侯

鲜卑慕容氏兴于莫护跋时期，初居辽西，受曹魏封为率义王，其孙慕容涉归时迁居辽东北，284年涉归卒，弟慕容删篡立，翌年被杀，众拥涉归子慕容廆。285年慕容廆在辽河流域建立政权，294年定都大棘，337年廆子慕容皝称王

南匈奴
- 呼厨泉单于
- 左部帅刘豹
- 左部帅刘渊
- 五部大都督刘渊

曹操平定乌桓

南匈奴单于呼厨泉来朝，曹操留之，使右贤王去卑监其国，单于岁给如列侯，子孙传袭其号。分其众为前、后、左、中、右五部，选汉人为司马以监之。216年，以持节匈奴中郎将监南匈奴五部事

魏幽州刺史王雄使韩龙刺杀轲比能，使鲜卑种落离散，强者远遁，弱者请降，魏边陲遂安

八王之乱：是由皇后贾南风干政导致的，司马氏（司马亮、司马玮、司马伦、司马冏、司马乂、司马颙、司马颖、司马越）八人，为夺权而进行的内战

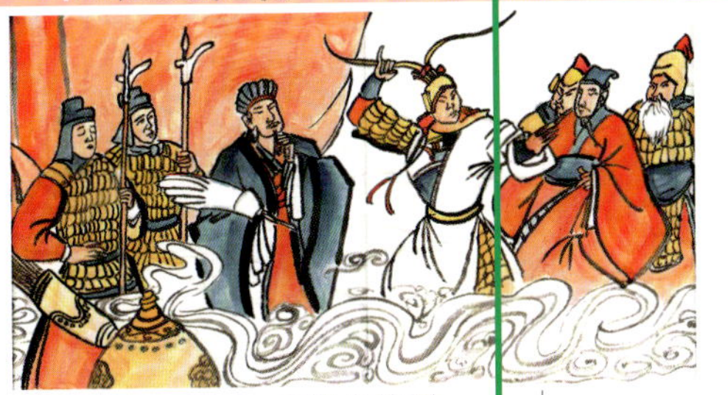

吴（建业）
- 吴王孙权 → 大帝孙权 → 会稽王孙亮 → 景帝孙休 → 末帝孙皓
- 年号：黄武、黄龙、嘉禾、赤乌、太元、建兴、五凤、太平、永安、元兴、甘露、宝鼎、建衡、凤凰、天册、天玺、天纪
- 155 孙坚 191 → 175 孙策 200 → 182 孙权 252 → 224 孙和 253 → 241 孙亮 260 → 235 孙休 264 → 242 孙皓 284

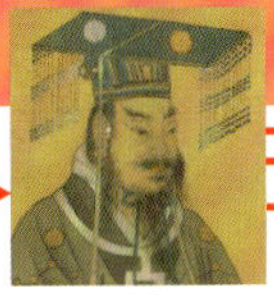

蜀（成都）
- 昭烈帝刘备 → 后主刘禅
- 年号：章武、建兴、延熙、景耀、炎兴
- 161 刘备 223 → 207 刘禅 271

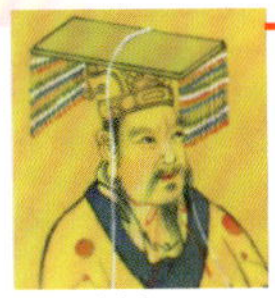

魏（洛阳）
- 曹腾 → 曹嵩 → 曹操 → 文帝曹丕 → 明帝曹叡 → 齐王曹芳 → 高贵乡公曹髦 → 元帝曹奂
- 年号：建安、延康、黄初、太和、青龙、景初、正始、嘉平、正元、甘露、景元、咸熙
- 155 曹操 220 → 187 曹丕 226 → 205 曹叡 239 → 曹宇 → 曹宇 278 → 曹霖 249 → 232 曹芳 274 → 241 曹髦 260 → 246 曹奂 302

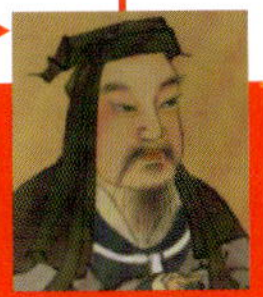

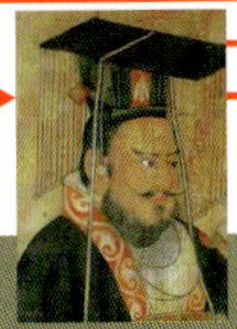

司马氏
- 208 司马师 255
- 179 司马懿 251
- 司马懿 → 司马师 / 司马昭
- 司马伦 → 227 司马昭 265
- 236 司马炎 290 → 司马衷 → 259 司马衷 307
- 司马伷 283 → 司马觐 290 → 司马睿

医学家王叔和著《脉经》十卷，整理了张仲景《伤寒杂病论》和《金匮要略》

西晋（洛阳）
- 武帝司马炎 → 惠帝司马衷
- 年号：泰始、咸宁、太康、太熙、永熙、永平、元康

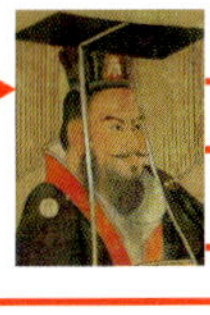

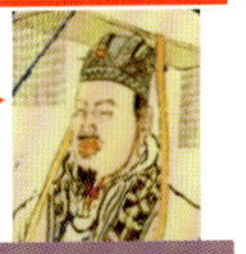

晋灭吴，统一南北

居于并州诸郡之部分南匈奴，自谓其祖先是汉室外孙，改姓刘，渐与汉融合

刘徽著《九章算术注》

东汉（洛阳）
- 献帝刘协

赤壁之战图

下方时间轴大事件
- 曹操迎献帝
- 官渡之战
- 三顾茅庐
- 赤壁之战
- 刘备借荆州
- 刘备入蜀
- 刘备领益州
- 魏实行九品中正制
- 猇亭之战
- 七擒孟获
- 诸葛亮上《出师表》
- 孙权占据台湾
- 大月氏使至魏
- 马钧做指南车
- 曹爽、司马懿辅政
- 魏使至倭
- 倭使至魏
- 魏置辽东属国
- 高平陵事变
- 吴孙亮亲政
- 刘徽著《九章算术注》
- 贾南风为太子妃
- 晋立国子学
- 颁布户调式
- 石崇斗富
- 扶余复国
- 八王之乱

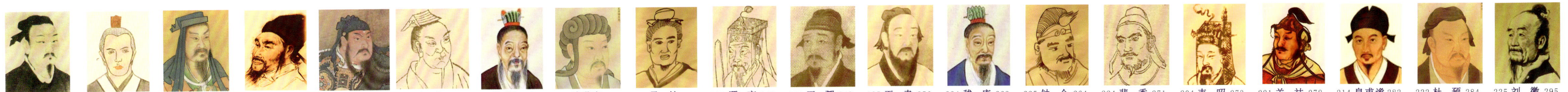

人物肖像

 127 郑玄 200 山东高密人，教育家，经学的集大成者，有弟子数千人

 170 郭嘉 207 河南禹州人，重要谋士，助曹操平吕布、定河北、灭乌桓

 175 周瑜 210 安徽庐江人，吴国名将，孙策的连襟，与王粲、陈琳、应玚、刘桢同死于瘟疫

 171 徐幹 217 山东寿光人，建安七子之一

 ? 关羽 219 山西运城人，三国时期蜀汉大将，被后世神化为"关帝"

 187 陆绩 219 江苏苏州人，郁林太守，撰《浑天图》《浑天仪说》

 151 钟繇 230 河南长葛人，书法家，楷书鼻祖，官至太傅，忠臣楷模、智慧化身

 181 诸葛亮 234 山东临沂人，政治家、军事家、文学家，被任为相十九年，匡扶辅汉

 马钧 陕西兴平人，机械发明家，改造了织绫机、制造龙骨水车等

 168 顾雍 243 江苏苏州人，吴国重臣，出任丞相十九年，国到辅正

 226 王弼 249 河南焦作人，玄学家，少年即享高名，曾任尚书郎，著《周易注》

 195 王肃 256 山东郯城人，王朗之子，司马昭的岳父，经学家，儒学宗师

 224 嵇康 263 安徽宿州人，"竹林七贤"之首，工书画，因与司马氏勾陷被杀死

 225 钟会 264 钟繇幼子，魏国大臣，与邓艾兵灭蜀国，因谋反与姜维、邓艾被杀

 204 裴秀 271 山西闻喜人，地理学家，制图学之父，孙绘成为从而被杀，屯田兴学、以备饥荒

 221 羊祜 278 山东平邑人，蔡邕外孙，晋武帝丈人，文学家，屯田兴学、以备伐吴

 214 皇甫谧 282 甘肃灵台人，医学家、史学家、文学家，撰《针灸甲乙经》

 222 杜预 284 西安人，政治家、军事家，司马昭妹夫，山东邹平人，数学家，撰《春秋释例》等

 225 刘徽 295 山东邹平人，数学家，撰《九章算术注》

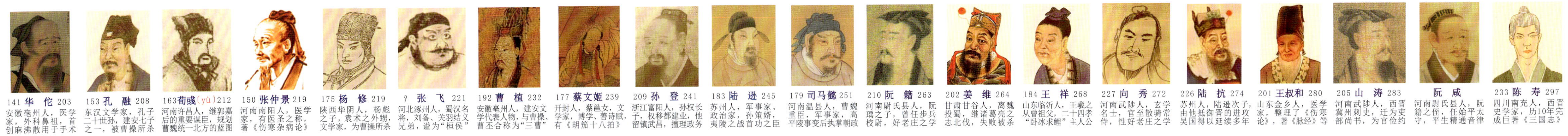

 141 华佗 203 安徽亳州人，医学家，外科鼻祖，首创麻沸散用于手术

 153 孔融 208 东汉文学家，孔子二十世孙，建安七子之一，被曹操所杀

 163 荀彧(yù) 212 河南许昌人，曹操谋臣，袁术之子，规划于战略、战术，被曹操所忌

 150 张仲景 219 河南南阳人，医学家，被尊为"医圣"，著《伤寒杂病论》

 175 杨修 219 陕西华阴人，杨彪之子，关羽结义弟兄，被曹操所杀

 ? 张飞 221 河北涿州人，擅书法，蜀汉名将

 192 曹植 232 建安文学代表人物，与其父曹操、兄曹丕合称为"三曹"

 177 蔡文姬 239 浙江富阳人，蔡邕之女，政治家、博学、善音律，著有《胡笳十八拍》

 209 孙登 241 孙权长子、太子，孙策、董夷之战首立之臣

 183 陆逊 245 江苏苏州人，陆抗之父，官至丞相，夷陵之战首立之功

 179 司马懿 251 河南温县人，曹魏权臣，官至太傅，高平陵事变后执掌魏政

 210 阮籍 263 河南尉氏人，阮瑀之子，官至步兵校尉，好老庄之学

 202 姜维 264 甘肃甘谷人，离魏投蜀，从诸葛亮学兵法，"二十四功臣"之一

 184 王祥 268 山东临沂人，王导之祖父，玄学家、官至太尉，"卧冰求鲤"主人公

 227 向秀 272 河南尉氏人，哲学家、官至黄门侍郎、散骑常侍

 226 陆抗 274 苏州人，陆逊次子，吴国名将，由他抵御晋吴之北战得以延续

 201 王叔和 280 山东高密人，医学家，整理《伤寒杂病论》，著《脉经》

 205 山涛 283 河南武陟人，西晋名臣，陆续次之，官至司徒，评人精准

 阮咸 河南尉氏人，阮籍之侄，竹林七贤之一，精通音乐

 233 陈寿 297 四川南充人，史学家，著《三国志》

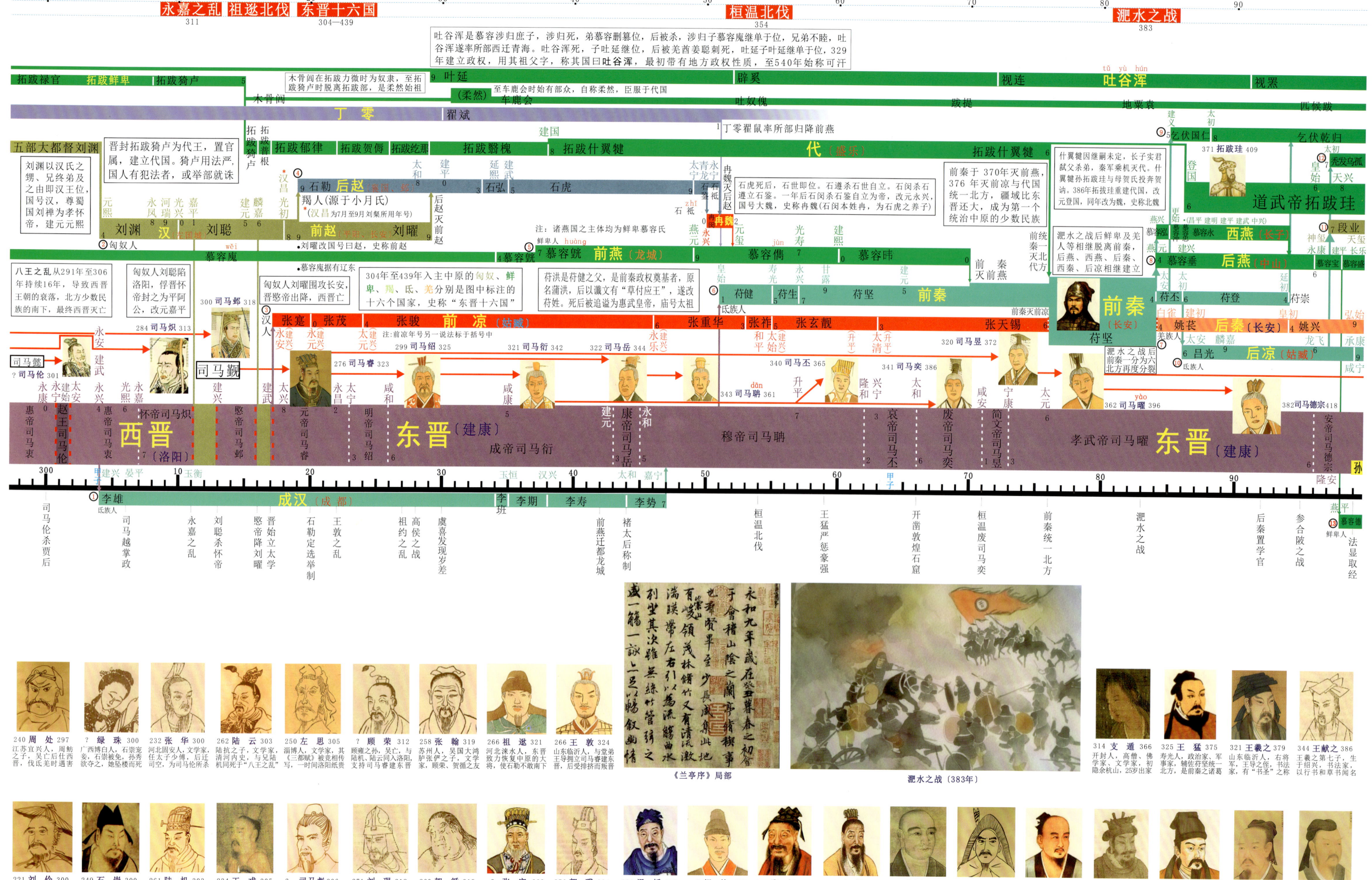

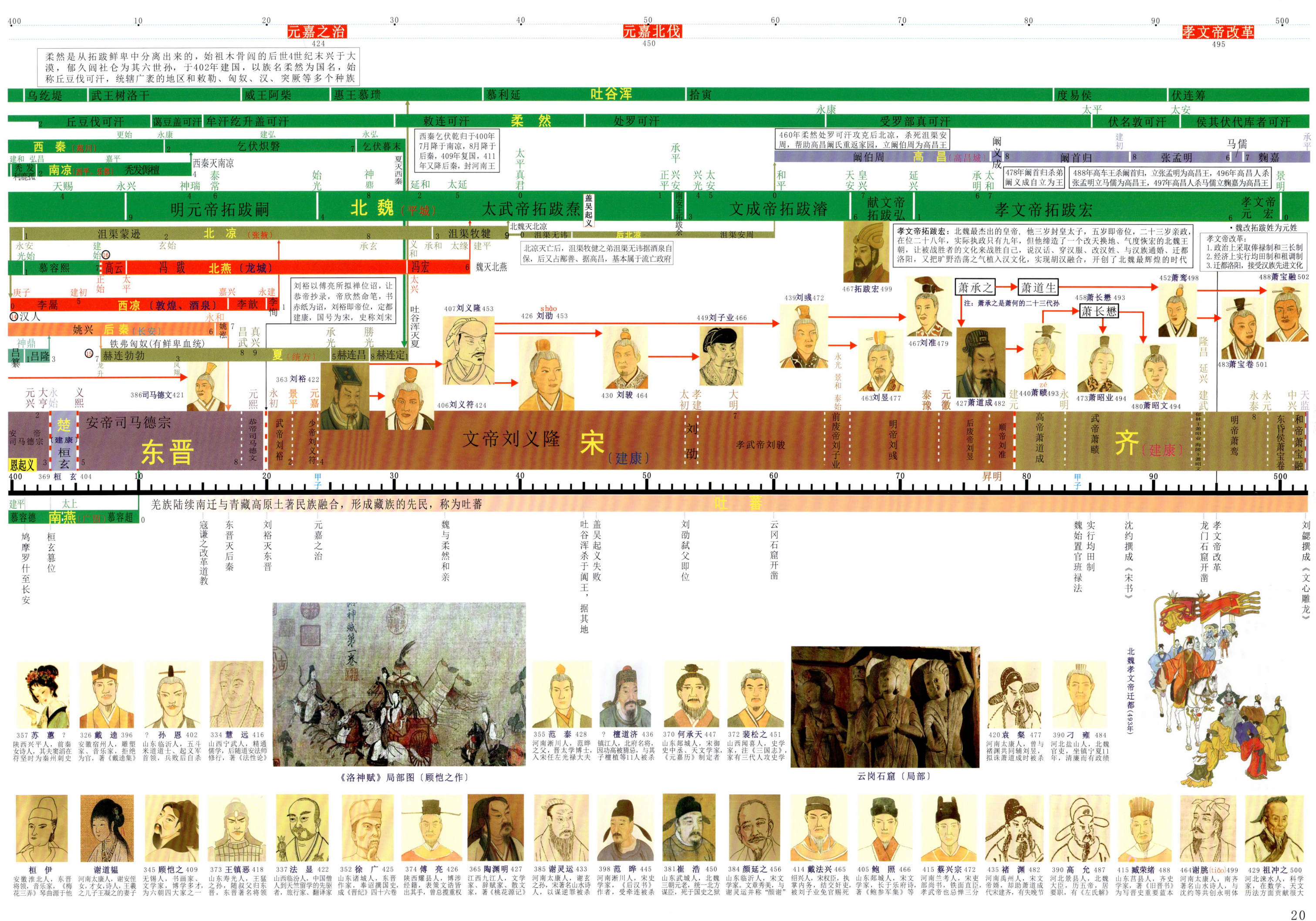

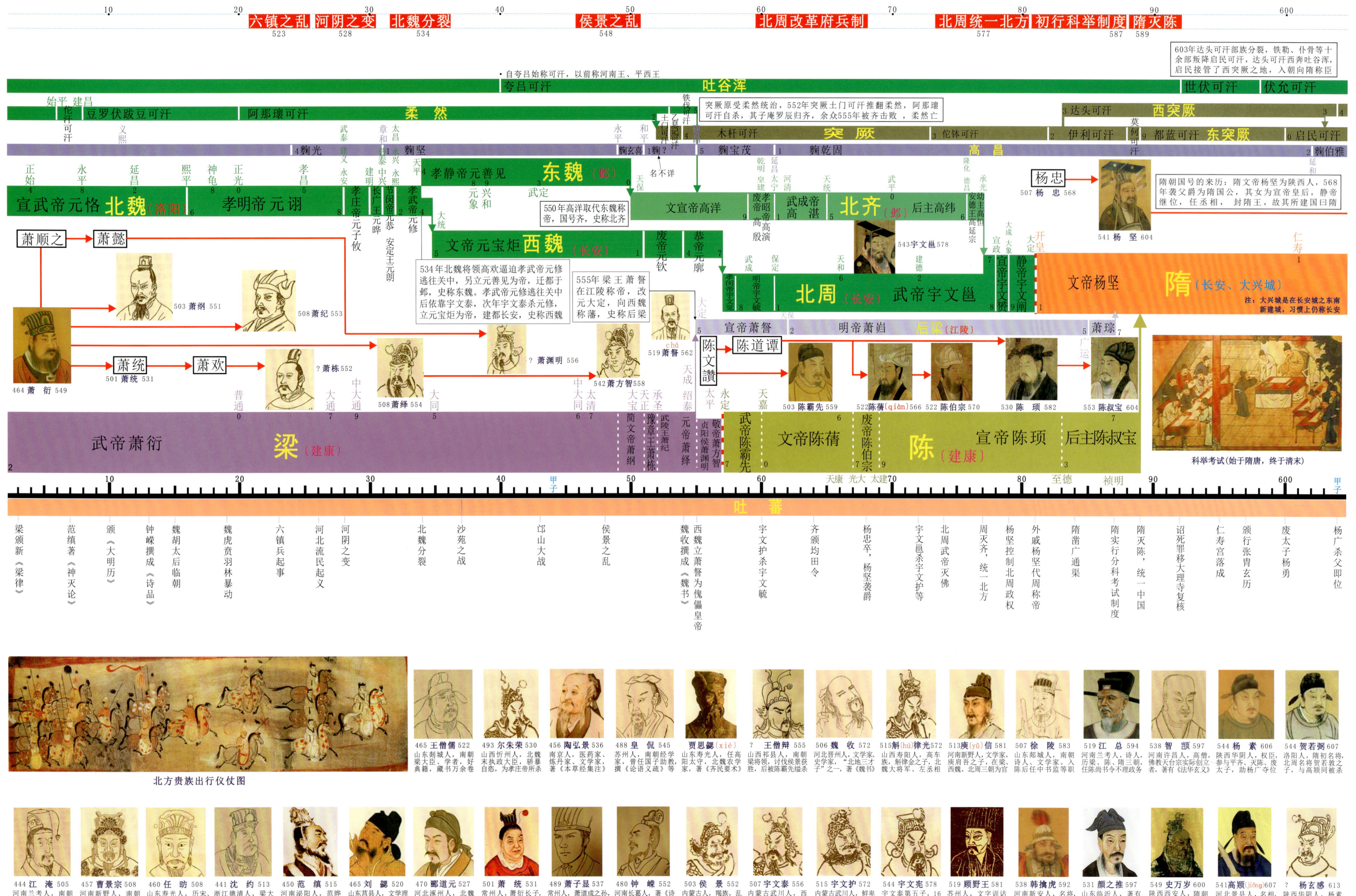

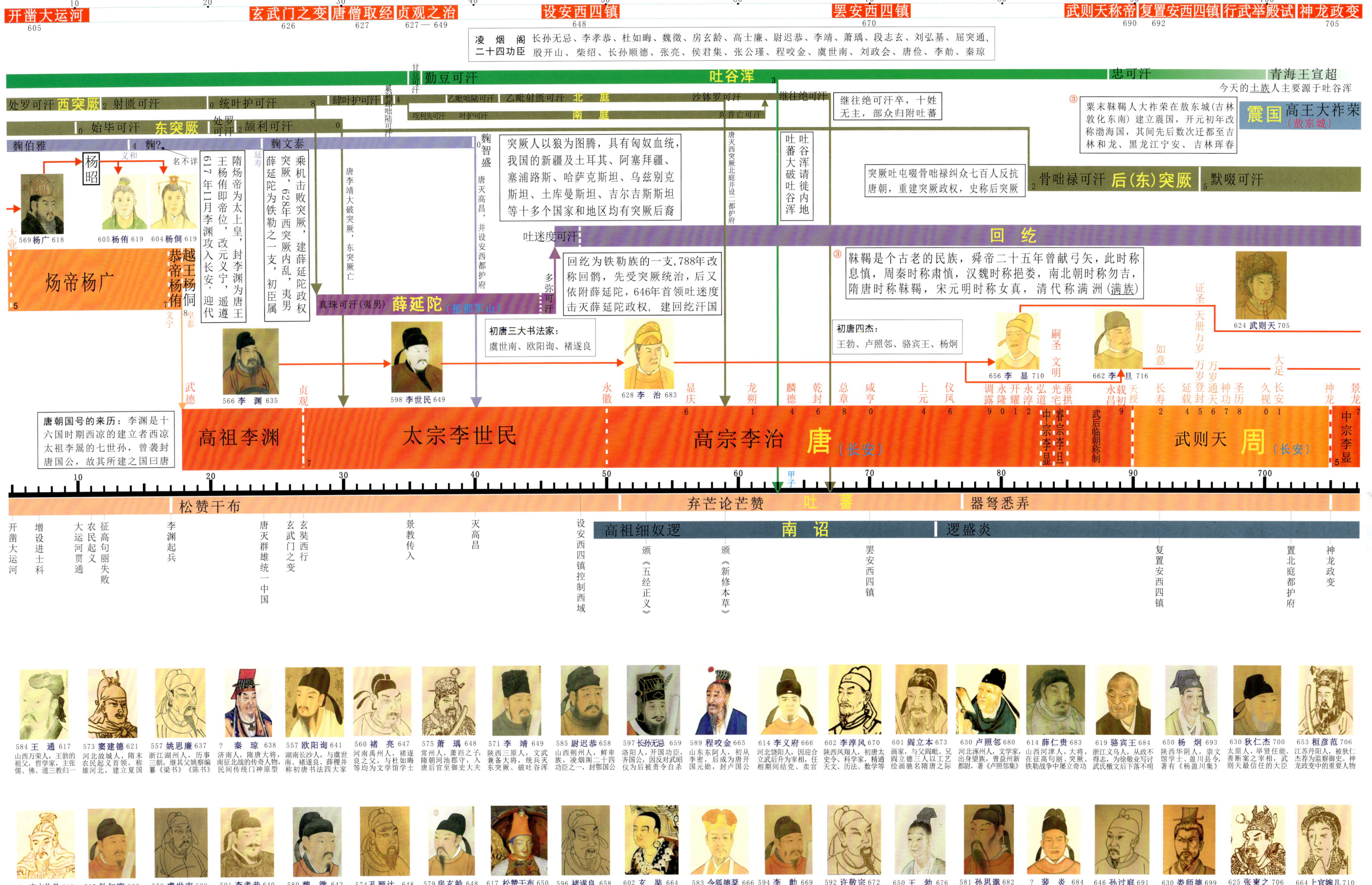

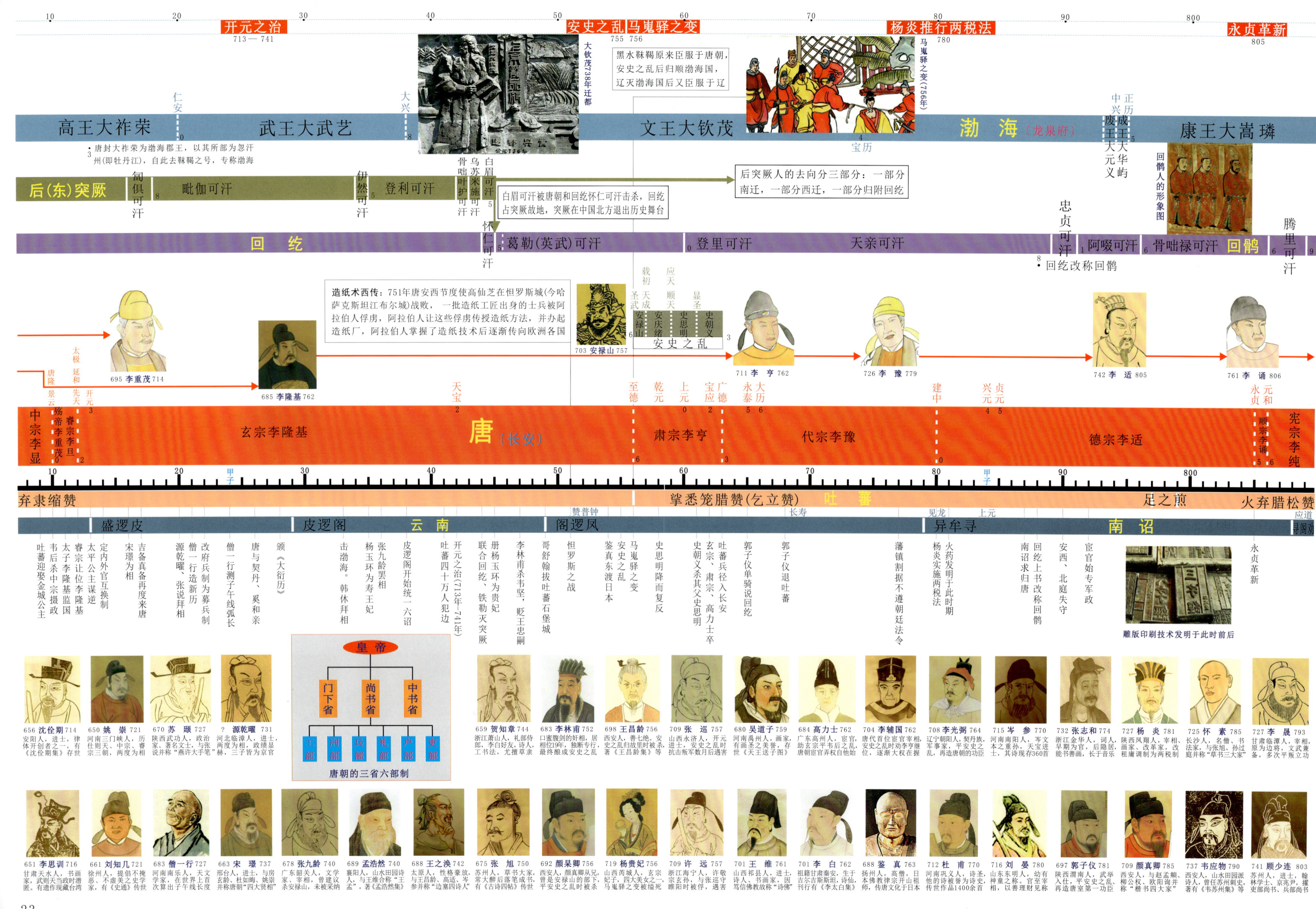

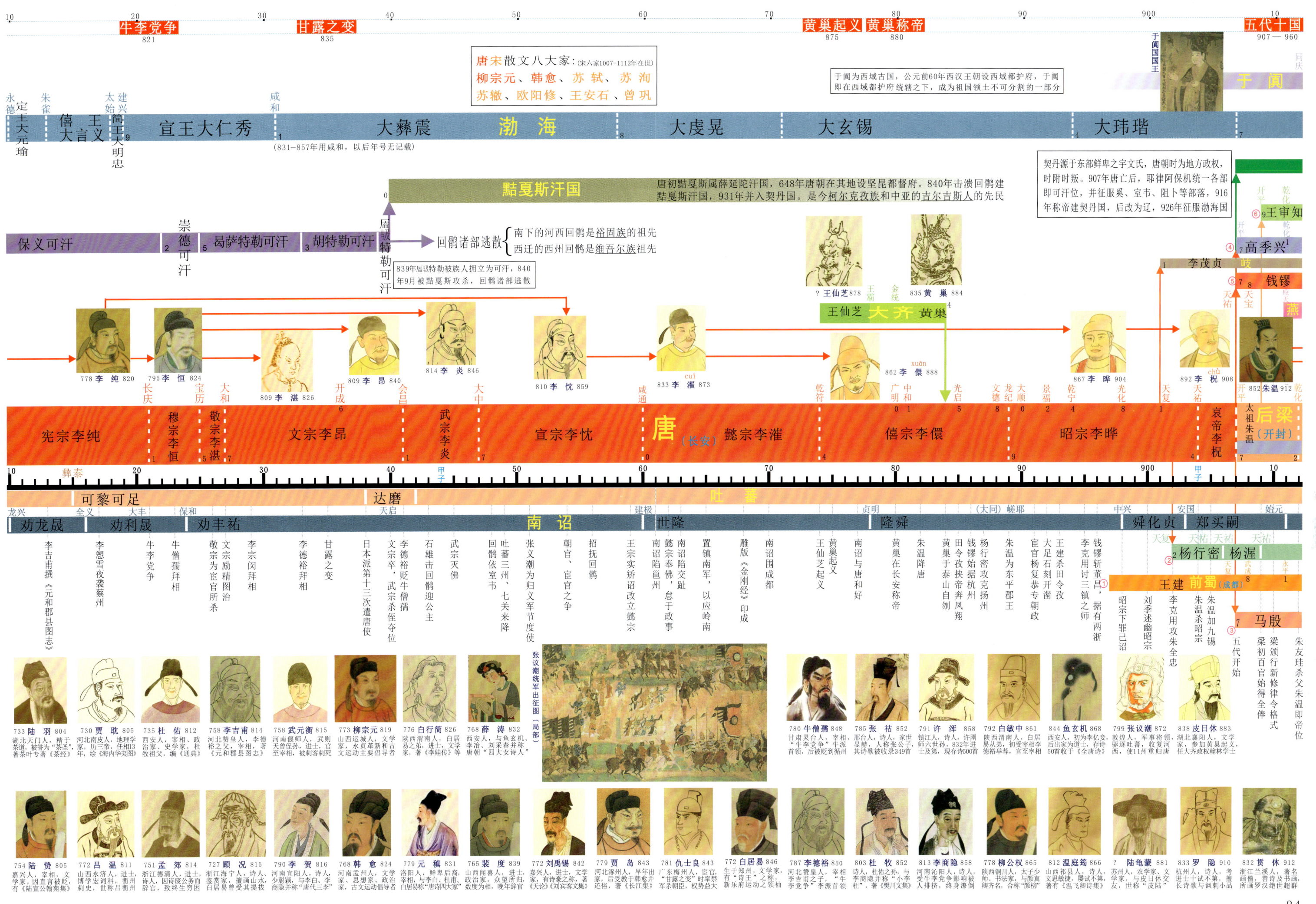

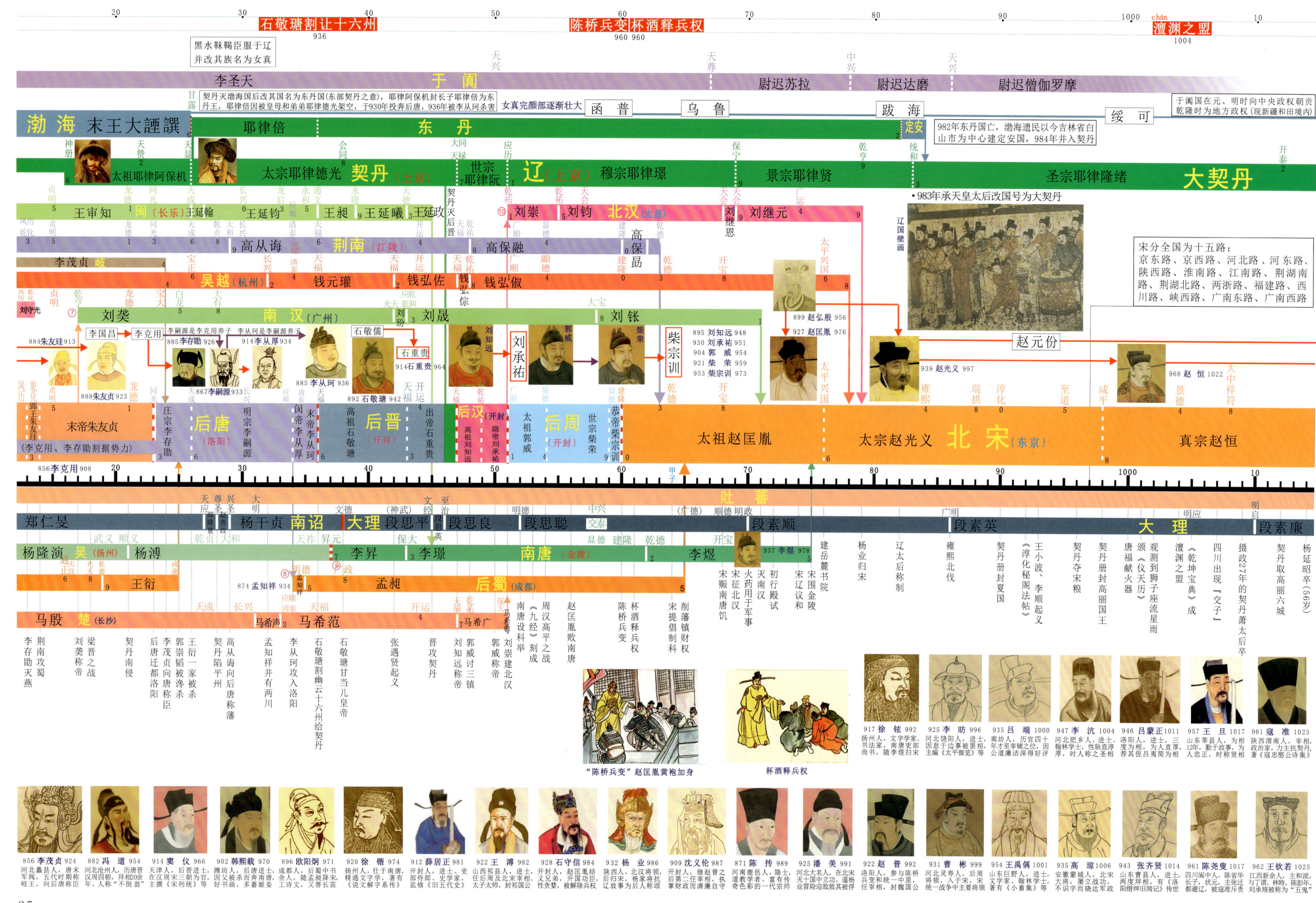

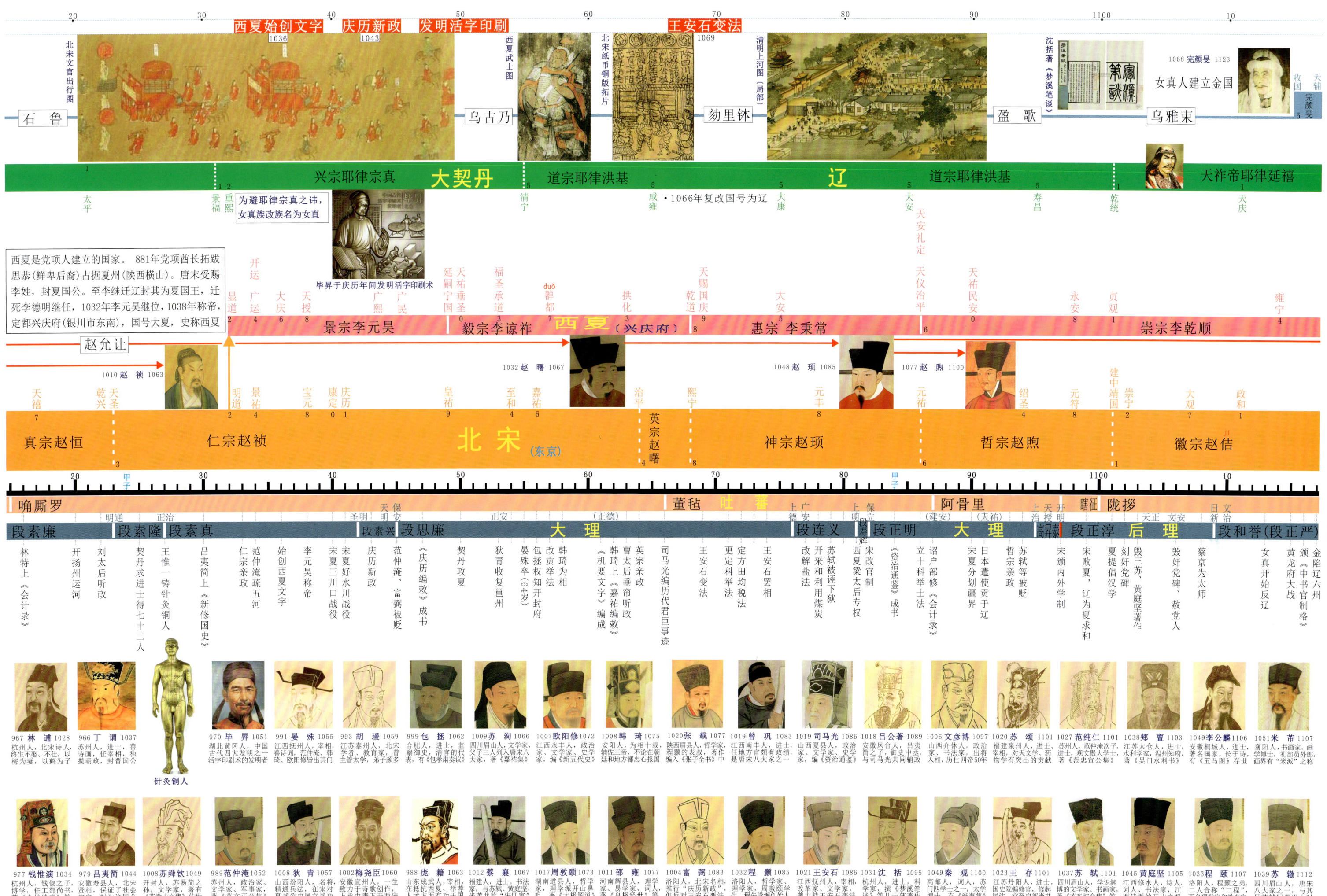

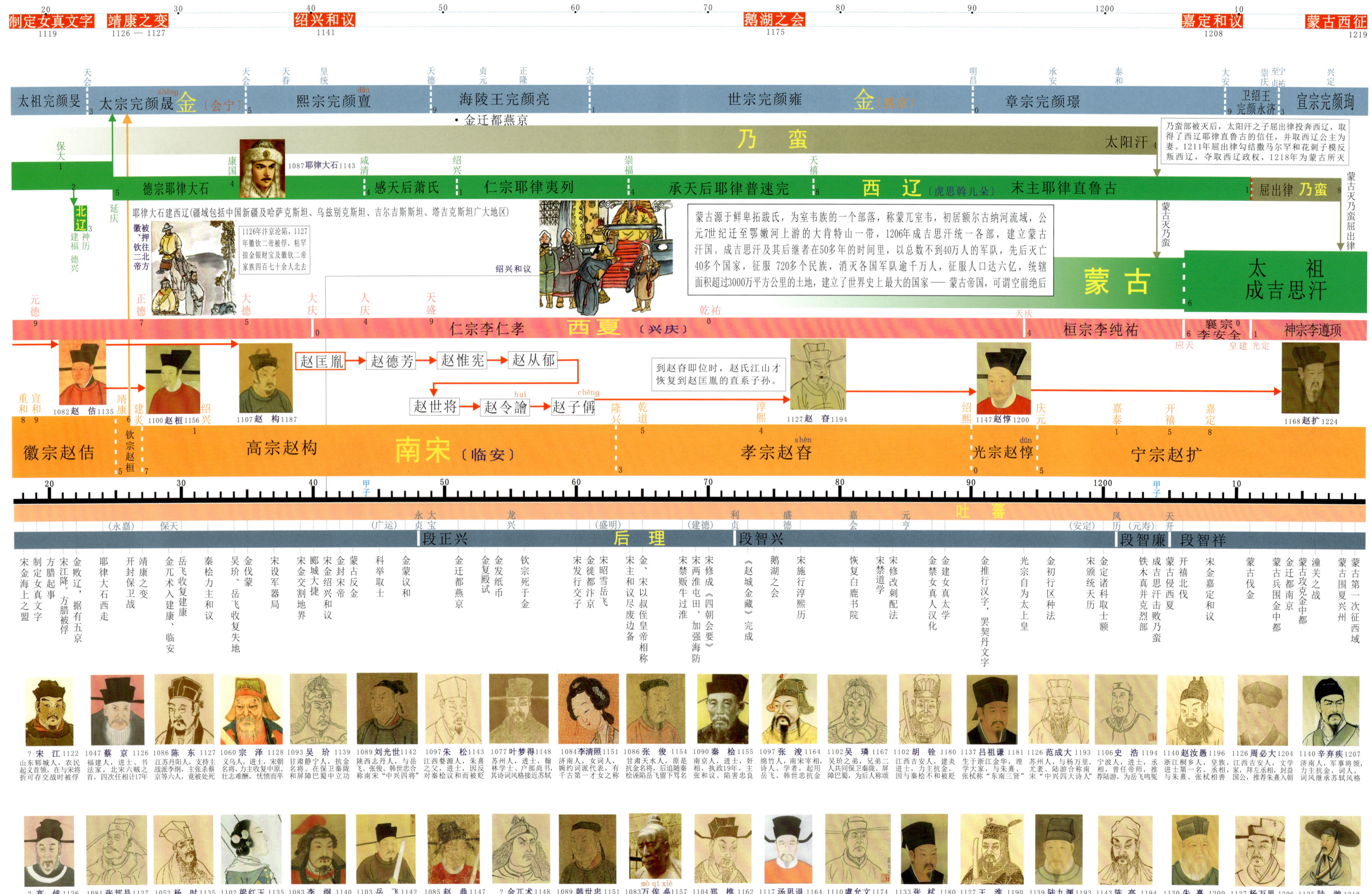

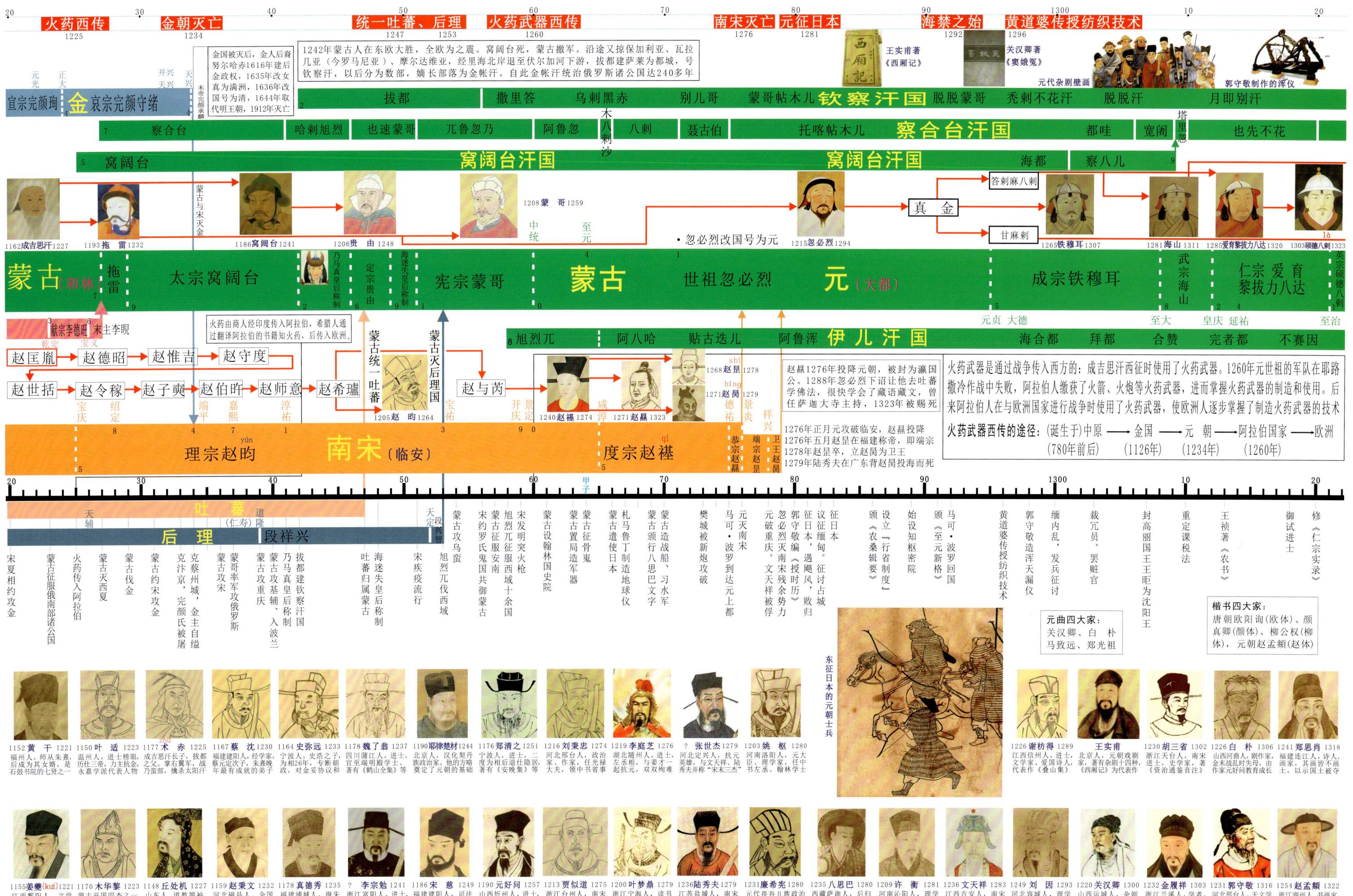

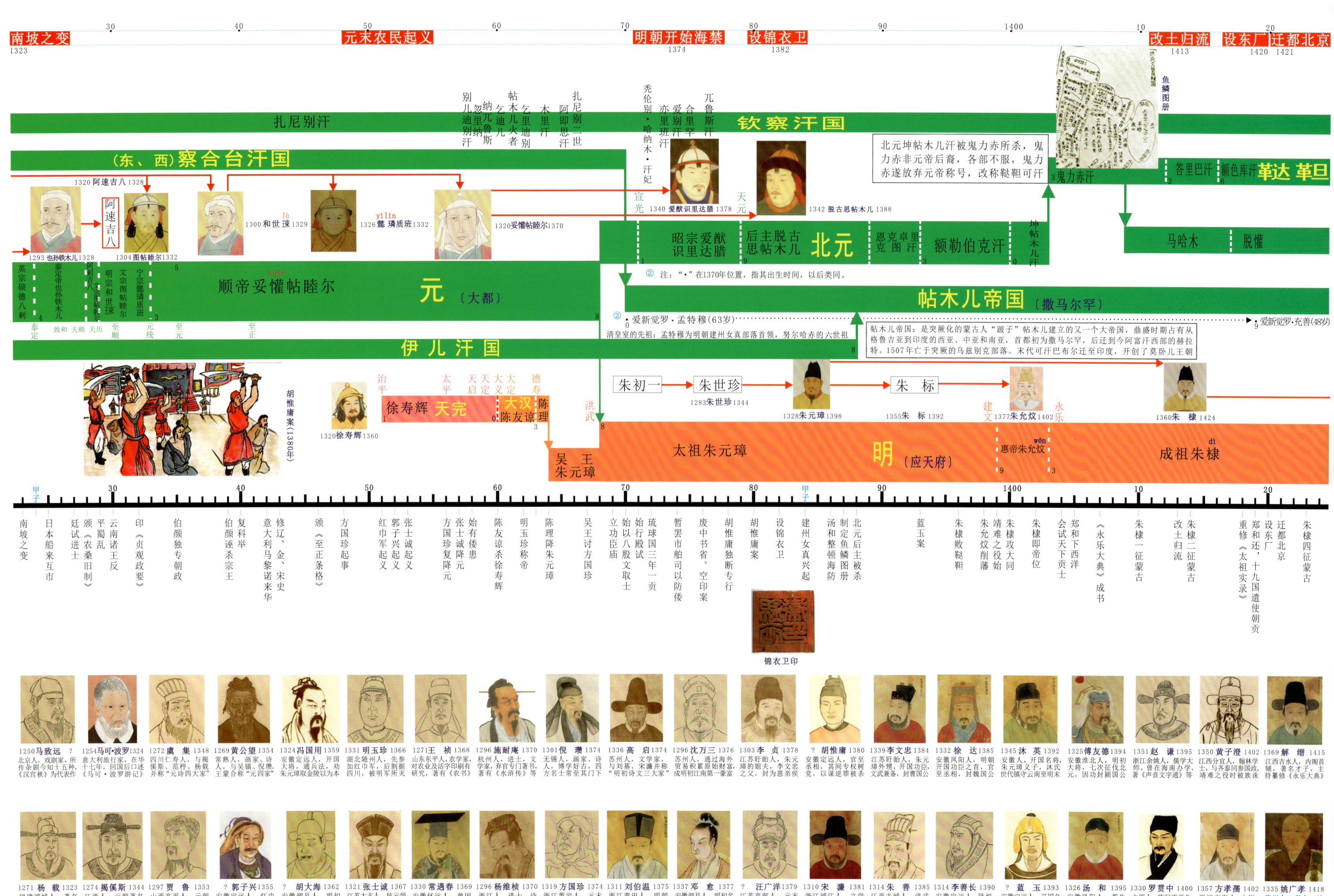

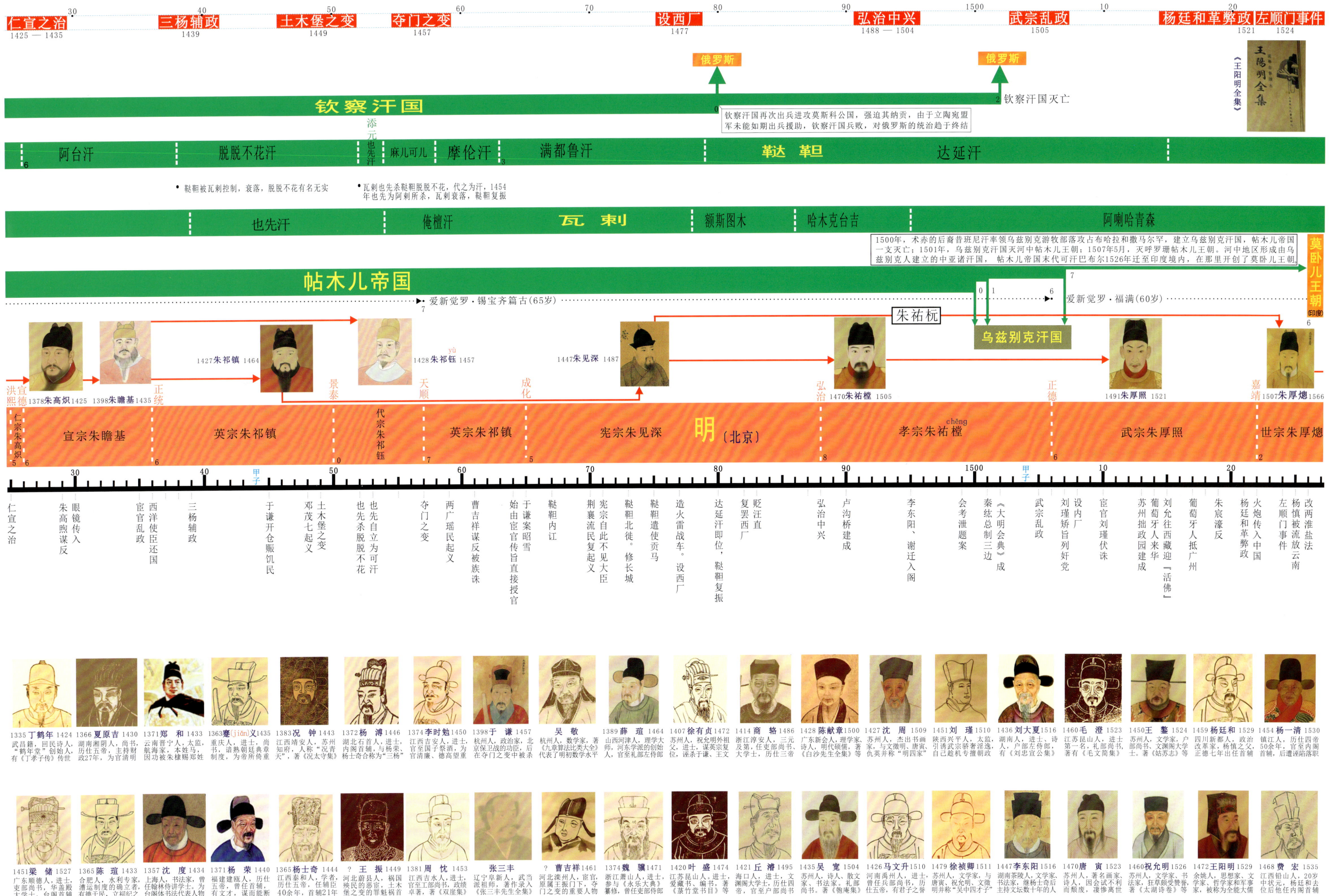

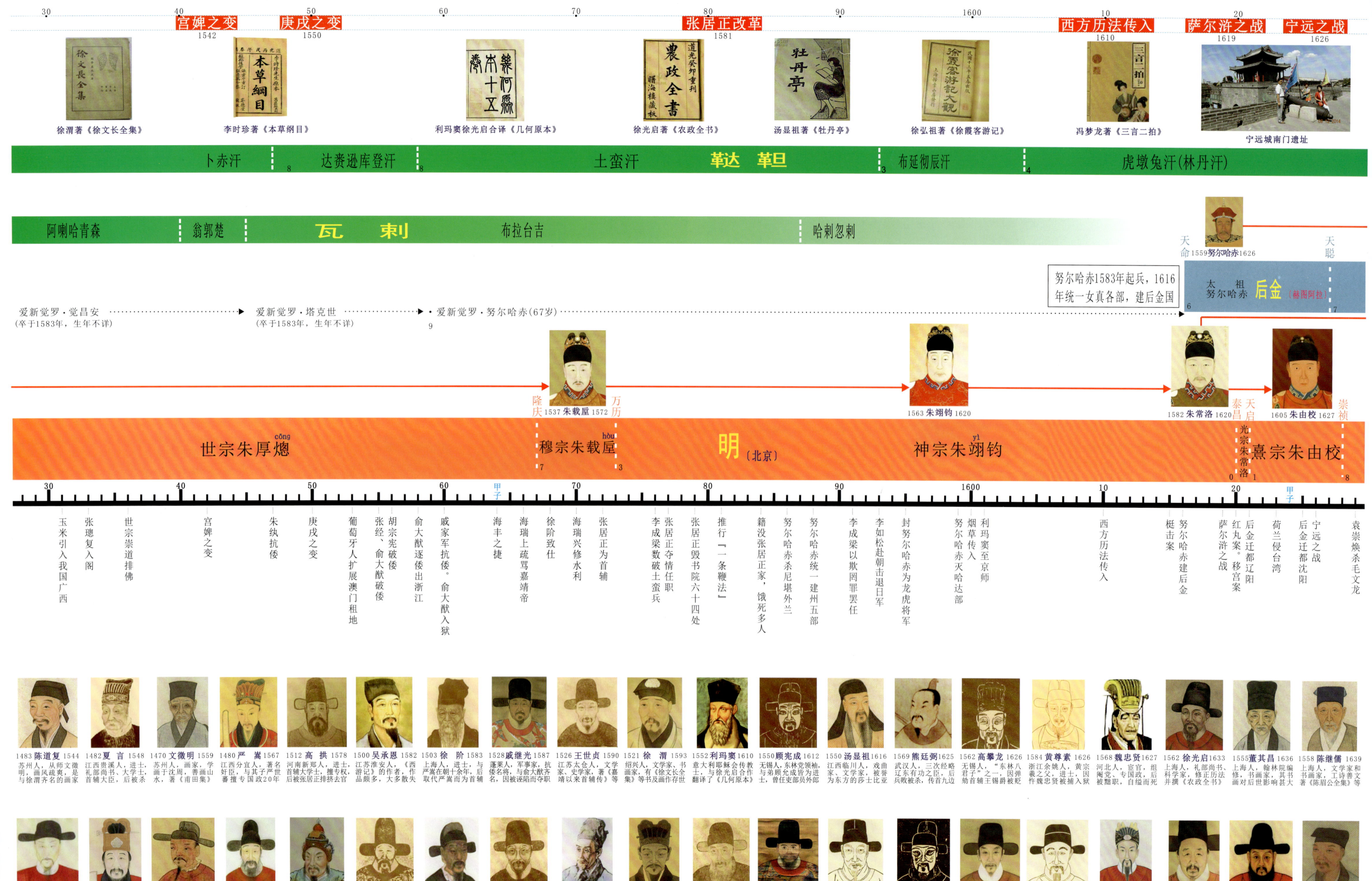

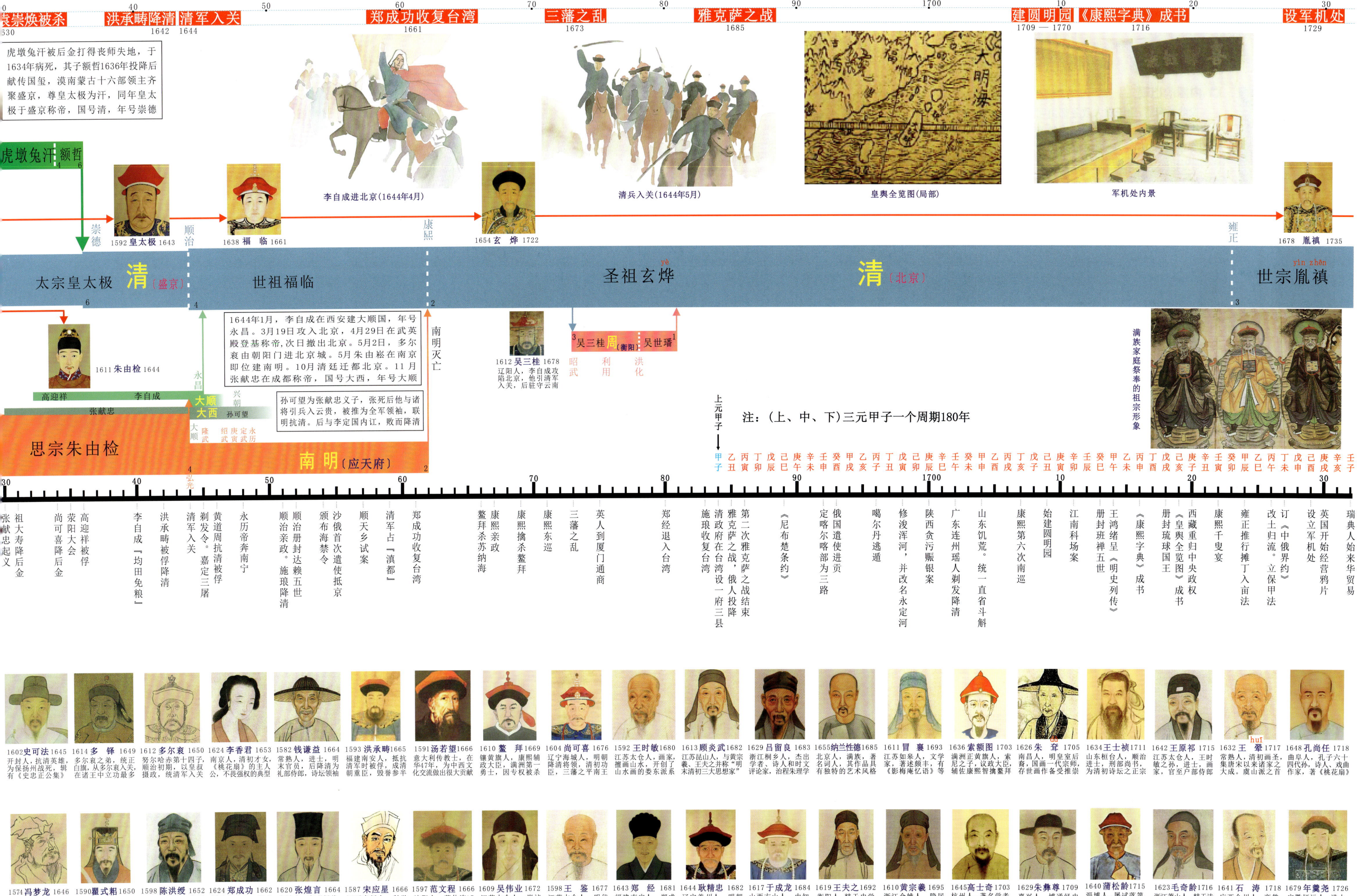

40 50 60 70 80 90 1800 10 20 30

刻《三希堂法帖》 1747 **圆明园建成** 1770 **马戛（jiá）尔尼来华** 1793 **和珅案** 1799 **始查鸦片** 1810

明清时期，为防止倭寇的侵扰，几度实行“海禁”和“闭关锁国”政策。特别是乾隆后期，已被英国工业革命远远抛在后面的大清帝国，仍然夜郎自大、固步自封；也由于官场的腐败无能，没有及时学习西方工业文明的伟大成果，使中国错失了由农耕文明向工业文明发展的良机，逐渐落后于世界经济发展的潮流，落后挨打已成定局，**这是近代中国落后于西方的最重要原因**

干支纪年计算法：

因公历纪年的第一个甲子年是公元4年而不是公元1年，相差3年，所以计算时用公历时间减去3，除以10〔天干数〕所得余数为天干〔余数为0天干是癸〕，除以12〔地支数〕所得余数为地支〔余数为0地支为亥〕

例如2012年：〔2012-3〕÷10所得余数为9，即天干为壬，〔2012-3〕÷12所得余数为5，即地支为辰，即2012年为“壬辰”年〔龙年〕

天干顺序：

1甲、2乙、3丙、4丁、5戊、6己、7庚、8辛、9壬、10癸（周期10年）

地支顺序：

1子、2丑、3寅、4卯、5辰、6巳、7午、8未、9申、10酉、11戌、12亥（周期12年）

干支纪年周期为60年，为10和12的最小公倍数，天干循环6次，地支循环5次

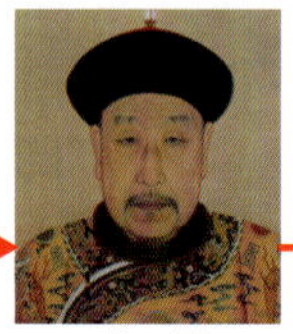

1711 弘 历 1799

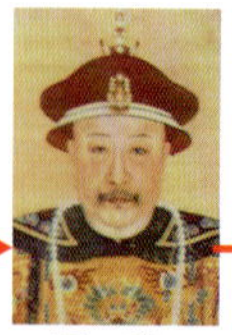

1760 颙 琰 1820

乾隆 6 嘉庆 6 道光 1

高宗弘历 **清**（北京） 白莲教起义 仁宗颙琰（yóng yǎn） 宣宗旻（mín）宁

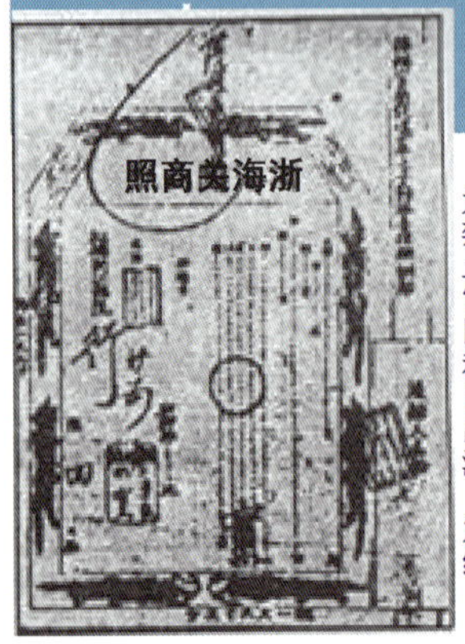

为禁止官民私自出海，发给中国商人的海外渡航证明书

十二生肖的循环

中元甲子 下元甲子

子丑寅卯辰巳午未申酉戌亥子丑寅卯辰巳午未申酉戌亥子丑寅卯辰巳午未申酉戌亥子丑寅卯辰巳午未申酉戌亥子丑寅卯辰巳午未申酉戌亥

鼠牛虎兔龙蛇马羊猴鸡狗猪鼠牛虎兔龙蛇马羊猴鸡狗猪鼠牛虎兔龙蛇马羊猴鸡狗猪鼠牛虎兔龙蛇马羊猴鸡狗猪鼠牛虎兔龙蛇马羊猴鸡狗猪

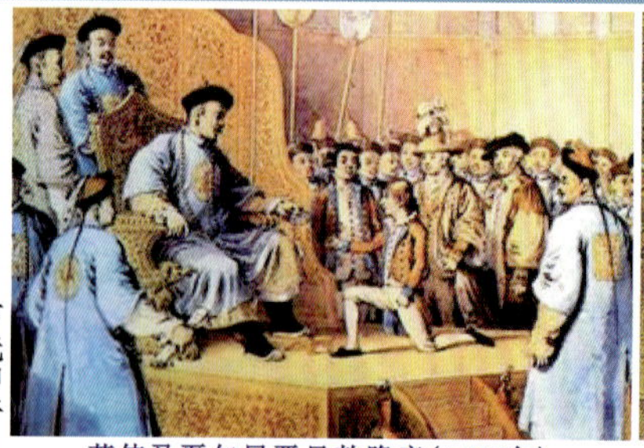

英使马戛尔尼晋见乾隆帝（1793年）

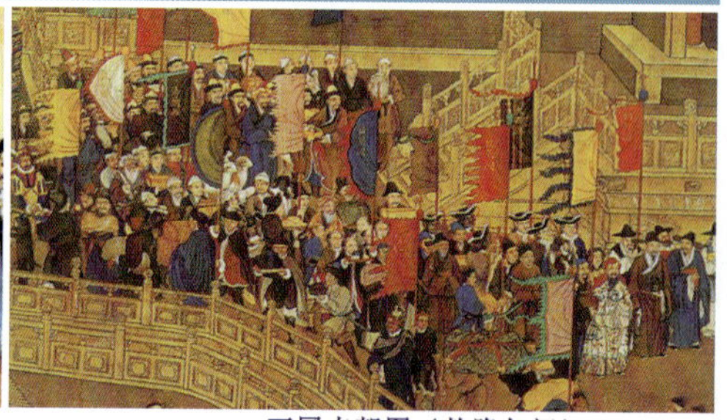

万国来朝图（乾隆年间）

癸丑 甲寅 乙卯 丙辰 丁巳 戊午 己未 庚申 辛酉 壬戌 癸亥 甲子 乙丑 丙寅 丁卯 戊辰 己巳 庚午 辛未 壬申 癸酉 甲戌 乙亥 丙子 丁丑 戊寅 己卯 庚辰 辛巳 壬午 癸未 甲申 乙酉 丙戌 丁亥 戊子 己丑 庚寅 辛卯 壬辰 癸巳 甲午 乙未 丙申 丁酉 戊戌 己亥 庚子 辛丑 壬寅 癸卯 甲辰 乙巳 丙午 丁未 戊申 己酉 庚戌 辛亥 壬子 癸丑 甲寅 乙卯 丙辰 丁巳 戊午 己未 庚申 辛酉 壬戌 癸亥 甲子 乙丑 丙寅 丁卯 戊辰 己巳 庚午 辛未 壬申 癸酉 甲戌 乙亥 丙子 丁丑 戊寅 己卯 庚辰 辛巳 壬午 癸未 甲申 乙酉 丙戌 丁亥 戊子 己丑 庚寅 辛卯 壬辰 癸巳 甲午

40 50 60 70 80 90 1800 10 20 30

- 命各省设立书院
- 《中华帝国全志》在巴黎出版
- 准噶尔遣使入觐
- 命直隶试行区田法
- 许准噶尔通市贸易
- 开凿通云南至四川河道
- 吴谦等编著《医宗金鉴》
- 《石渠宝笈》成书
- 刻《三希堂法帖》
- 定制三殿三阁大学士
- 岳钟琪任兵部尚书
- 乾隆南巡
- 德国人始来贸易
- 西班牙遣使贡献
- 文字狱兴起
- 征大、小和卓
- 移民实边
- 紫光阁落成
- 乾隆第三次南巡
- 圆明园失火
- 取消丝绸出口禁令
- 郎世宁卒（78岁）
- 恢复恰可图互市
- 缅甸国王遣使请降
- 圆明园全部完工
- 建乌鲁木齐城
- 开四库全书馆
- 建文渊阁、文源阁、文津阁
- 《满洲源流考》
- 《四库全书荟要》
- 和珅为户部尚书
- 《皇舆西域图志》
- 《中国通史》在巴黎出版
- 乾隆千叟宴
- 尼泊尔廓尔喀侵西藏
- 册封孟陨为缅甸国王
- 福康安尽复西藏失地
- 英国马戛尔尼来华
- 荷兰遣使入贡
- 暹罗、英吉利、琉球入贡
- 乾隆为太上皇
- 和珅案
- 马蹄冈之役
- 阮福映请册封、改国号为『越南』
- 禁西洋人刻书传教
- 鹿耳门之战
- 英侵澳门炮台
- 查禁鸦片
- 天理教攻打紫禁城
- 英船侵虎门、驻澳门
- 英使不行跪叩礼令回国
- 禁厦门洋船运茶
- 嘉庆重修《大清一统志》成书
- 禁银两出洋
- 治理漳河
- 修陕西水利
- 喀什噶尔之役
- 裨治文来华传教
- 驱逐英国商船
- 驱逐英贩鸦片趸船

扬州八怪：金　农、郑板桥、黄　慎、李　鳝、李方膺、汪士慎、罗　聘、高　翔

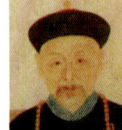

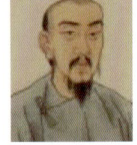

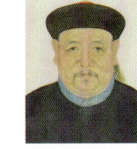

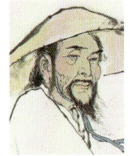

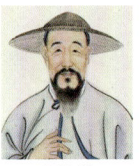

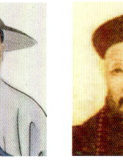

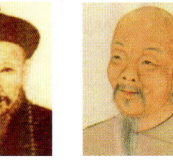

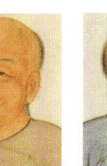

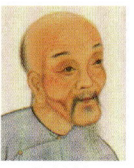

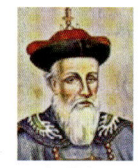

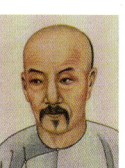

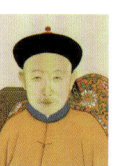

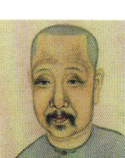

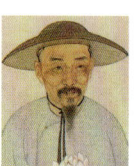

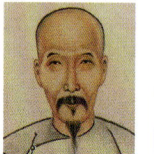

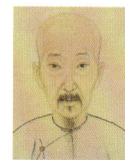

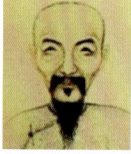

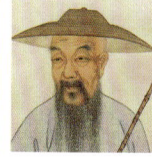

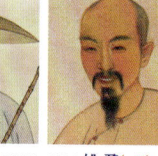

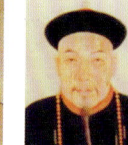

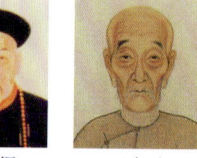

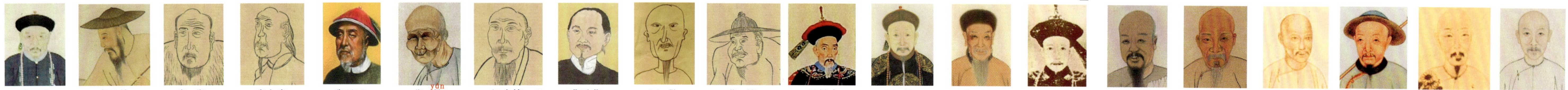

1688 **李　卫** 1738 江苏铜山人，历康雍乾三帝，任兵部尚书，受皇帝赏识、百姓爱戴

1683 **高凤翰** 1748 山东胶州人，书画家、篆刻家，精艺术，著《砚史》等

1688 **高　翔** 1753 扬州人，扬州八怪之一，擅长画山水花卉，著《西唐诗钞》

1695 **李方膺** 1754 江苏南通人，著名画家，善画松、竹、兰、菊，尤善墨梅

1672 **张廷玉** 1755 安徽桐城人，历仕三帝50年，封三等伯，著有《明史》

1682 **华　喦（yán）** 1756 福建上杭人，杰出绘画大家，扬州画派的代表人物之一

1686 **汪士慎** 1762 安徽休宁人，书画家，诗书画印俱佳，有《苍松偃蹇图》等

1715 **曹雪芹** 1763 南京人，曹寅之孙，著《红楼梦》，为古典文学巅峰之作

1695 **丁　敬** 1765 杭州人，书画家、篆刻家，“西泠八家”之首，著《武林金石记》

1687 **黄　慎** 1772 福建宁化人，书画家，卖画为生，善画人物、山水、花卉等

1714 **于敏中** 1780 江苏金坛人，进士，文华殿大学士兼户部尚书，著《临清纪略》

1717 **阿　桂** 1797 正蓝旗人，大学士，军机大臣，长期统军戍边，战功赫赫

1716 **袁　枚** 1798 杭州人，与赵翼、蒋士铨合称“诗人三大家”，著《随园诗话》

1750 **和　珅** 1799 北京满洲正红旗人，首席大学士、军机大臣，贪官之典型

1730 **王文治** 1802 江苏丹徒人，进士，书法家，官至临安知府，有《梦楼诗集》

1728 **钱大昕** 1804 上海人，史学家、文学家，文化遗产颇丰，有《廿二史考异》等

1736 **桂　馥** 1805 曲阜人，文字训诂学家、书法家，著有《说文义证》等

1746 **洪亮吉** 1809 常州人，乾隆年间进士，文学家，工骈文，近代人口学说先驱

1735 **段玉裁** 1815 江苏金坛人，文字学家、考据学家，著有《说文解字注》等

1768 **陈鸿寿** 1822 杭州人，篆刻家，他与杨彭年创制的紫砂茗具成为收藏的珍品

1677 **鄂尔泰** 1745 满洲镶蓝旗人，与李卫并为雍正帝心腹，著《西林遗稿》

1668 **方　苞** 1749 安徽桐城人，散文学家，与姚鼐、刘大櫆合称“桐城三祖”

1686 **岳钟琪** 1754 成都人，曾任川陕总督，在平定西藏、招抚青海等方面立大功

1701 **吴敬梓** 1754 安徽全椒人，所著《儒林外史》为古典讽刺小说之杰作

1705 **全祖望** 1755 宁波人，乾隆元年进士，文学家，有《宋元学案》等著作

1692 **汪由敦** 1758 安徽休宁人，进士，官至吏部尚书，学问渊深，文辞雅正

1687 **金　农** 1763 杭州人，书画家，扬州八怪之首，著有《论画诗钞》等

1693 **郑板桥** 1765 江苏兴化人，书画家，扬州八怪之一，著有《板桥全集》

1688 **郎世宁** 1766 意大利人，1715年来华传教，成为宫廷画家，侨居50多年

1724 **戴　震** 1777 安徽休宁人，科学家、哲学家，被誉为近代科学之先驱

1754 **福康安** 1796 镶黄旗人，户部尚书、军机大臣、封疆大吏，极尽奢侈

1730 **毕　沅** 1797 江苏太仓人，状元，曾任湖广总督，著有《续资治通鉴》等

1733 **罗　聘** 1799 江苏扬州人，金农的学生，著名画家，代表作有《鬼趣图》

1738 **章学诚** 1801 绍兴人，进士，史学家、文学家，著有《文史通义》等

1719 **刘　墉** 1804 山东诸城人，刘统勋之子，官至内阁大学士，为官清廉

1724 **纪晓岚** 1805 河北献县人，历仕三帝，官至礼部尚书，《四库全书》总纂官

1743 **邓石如** 1805 安徽怀宁人，篆刻家、书法家，有《完白山人篆刻偶存》存世

1732 **姚鼐（nài）** 1815 安徽桐城人，散文家，《四库全书》纂修官，著《惜抱轩全集》等

1733 **翁方纲** 1818 北京人，金石学家、书法家，内阁学士，著《复初斋文集》等

1744 **王念孙** 1832 江苏高邮人，进士，王引之之父，对古音、古韵颇有研究

清末民初历史年表 (1890-1919)

重大事件时间轴

1894	甲午战争
1898	戊戌变法
1901	辛丑条约
1904	日俄战争
1911	辛亥革命
1912.1.1	民国建立
1915.12.13	袁世凯称帝（共83天）
1917.7.1	张勋复辟（共12天）
1919.5.4	五四运动

图片与说明

列强瓜分中国的时局图

日军进入旅顺市屠杀中国平民的情景（1895年）

发生在中国土地上的日俄战争（1904年）

1906 溥仪 1967

朝代

清（北京） — 义和团 — 德宗载湉 — 末代皇帝 溥仪

民国历任国务卿/国务总理/行政院长（以卒年为序，任职顺序，时间上有间断和重叠）

- 1859 赵秉钧 1914　河南临汝人，追随袁世凯，谋刺宋教仁，有功于创立警察制度
- 1842 伍廷芳 1922　广东新会人，民政府外交总长，杰出外交家、法学家
- 1869 周自齐 1923　山东单县人，主持并执行大总统职务11天
- 1869 钱能训 1924　浙江嘉善人，光绪壬辰进士，任民政部左丞，民国代总理
- 1859 李经羲 1925　合肥人，李鸿章侄子，未任国务总理，提拔蔡锷为云南协统促进统一有功于民国
- 1879 张绍曾 1928　河北大城人，留学日本，在北洋任职日久，主政东北政绩建一有功于民国

1912 唐绍仪 03.13 / 陆徵祥 06.29 / 赵秉钧 08.20 / 段祺瑞 07.17 / 朱启钤 07.19 / 段祺瑞 02.12 / 熊希龄 07.31 / 1914 孙宝琦 02.12 / 1915 徐世昌 10.27 / 陆徵祥 03.21 / 1916 徐世昌 04.22 / 段祺瑞 05.23 / 1917 段祺瑞 07.17 / 伍廷芳 06.12 / 江朝宗 06.24

民国国家元首简介

- 1866 孙中山 1925　中山市人，帝制的终结者，中华民国的缔造者，尊为"国父"
- 1859 袁世凯 1916　河南项城人，晚清重臣，民国总统，两任总统三任因帝制身亡
- 1864 黎元洪 1928　湖北黄陂人，武昌首义的都督，民国功臣，两任副总统
- 1859 冯国璋 1919　河北沧州人，直系军阀，镇压武昌起义，但反对袁世凯称帝
- 1855 徐世昌 1939　天津人，晚清进士，主政东北政绩斐然，坚辞伪职晚节可钦

民国国家元首任职顺序

中华民国（北京）

孙中山（临时）01.01 — 袁世凯（临时）03.10 — 袁世凯 10.10 — 洪宪 12.13 — 03.22 — 黎元洪 06.07 — 张勋复辟 07.01-07.12 — 冯国璋 — 徐世昌 09.01

下方时间轴事件

太后「归政」| 北洋舰队访日 | 毛泽东生（83岁） | 甲午战争 | 签订《马关条约》| 俄签订《中俄密约》| 戊戌变法 | 周恩来生（78岁） | 俄占旅大 | 八国联军侵北京 | 慈禧逃至西安 | 清末新政 | 签订《辛丑条约》| 慈禧回京 | 中东铁路通车 | 日俄战争 | 邓小平生（93岁） | 同盟会成立 | 废科举、设学堂 | 安庆起义 | 11月15日慈禧去世，11月14日光绪驾崩 | 京张铁路通车 | 资政院开院 | 第一届全运会 | 辛亥革命 设皇族内阁 | 黄花岗之役 | 清帝退位 | 公布《新约法》| 名流内阁组成 | 二次革命 | 善后大借款 | 宋教仁遇刺 | 一战爆发 | 袁世凯接受「二十一条」| 袁世凯称帝 | 府院之争 | 张勋复辟 | 一战结束 | 五四运动

说明框

《马关条约》：李鸿章与伊藤博文代表两国签订的不平等条约，主要条款：割让辽东半岛及台湾，赔偿日本军费白银二亿两等十一款

《辛丑条约》：清政府全权代表奕劻、李鸿章与英、美、俄、德、日、奥、法、意、西、荷、比十一国签订的卖国条约。主要有：中国赔款四亿五千万两，分三十九年还清，年息四厘，本息合计九亿八千万两，以及军事控制、政治统治等诸多条款

日俄战争：交战双方是日本和沙皇俄国，目的是争夺中国东北和朝鲜半岛，清政府被迫宣布中立，专门划出东北地区为交战区，最终沙皇俄国战败

下方图片

日本马关春帆楼《马关条约》签字的情景

庆亲王奕劻、李鸿章代表清政府同列强代表签订《辛丑条约》的情景

1875 陈天华 1905　湖南新化人，辅佐孙中山组织同盟会，著《猛回头》《警世钟》

1875 秋瑾 1907　浙江绍兴义士，同盟会会员，浙皖起义的领导人，有"鉴湖女侠"之称

1837 张之洞 1909　河北南皮人，洋务派代表人物，对中国工业、教育有重要贡献

1835 赫德 1911　英国人，1863年任中国海关总税务司长，控制中国海关46年

1882 宋教仁 1913　湖南桃源人，同盟会员，唐绍仪内阁农林总长，民国的主要缔造者之一

孙中山就任临时大总统后与总统府僚属合影

袁世凯就任临时大总统后与各国使节合影

人物肖像

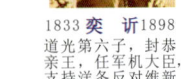
1833 奕䜣 1898　道光第六子，封恭亲王，任军机大臣，戊戌君子们支持洋务反对维新

1865 谭嗣同 1898　湖南浏阳人，维新志士，甲骨文的发现者之一，变法失败者之一

1845 王懿荣 1900　烟台人，近代金石学家，甲骨文的发现者，有《翠墨园语》等重要著作

1823 李鸿章 1901　合肥人，淮军创始者，对外签订了不少不平等条约

1835 吴大澂 1902　江苏吴县人，金石学家，书画家，有《说文古籀补》等

1818 冯子材 1903　广东钦州人，中法战争中镇南关、谅山大捷的创造者

1830 翁同龢 1904　常熟人，两代帝师，户部尚书，支持维新，光绪帝师

1848 黄遵宪 1905　广东嘉应人，诗人，外交家，新诗派的代表人物，有《日本国志》等

1821 俞樾 1907　浙江德清人，道光进士，章太炎的老师，善诗词、工笔书

1848 孙诒让 1908　浙江瑞安人，经学大师，著《契文举例》等三十余种

1868 霍元甲 1910　天津人，爱国武术家，迷踪拳创始人

1828 容闳 1912　广东人，历史地理学者，创业家，邮传部尚书，中国"留美学生之父"

1839 杨守敬 1915　湖北人，历史地理学家，大学者，有《水经注疏》等

1844 盛宣怀 1916　江苏武进人，近代实业家，办银行、创企业、开银行于国有功

1874 黄兴 1916　湖南人，民主革命家，同盟会组织者，中华民国的主要缔造者之一

1878 陈其美 1916　浙江湖州人，民主革命家，同盟会会员，护国讨袁战争重要人物

1882 蔡锷 1916　湖南邵阳人，民国初年，主持发动反对袁世凯称帝的护国战争

1837 刘永福 1917　广西钦州人，反清志士，黑旗军首领，参加过中法战争、中日战争

1838 奕劻 1917　镶蓝旗人，首任内阁总理大臣，参加了中法、中日、八国联军侵华等议和签约

1842 王先谦 1917　学术泰斗，湖南岳麓书院山长

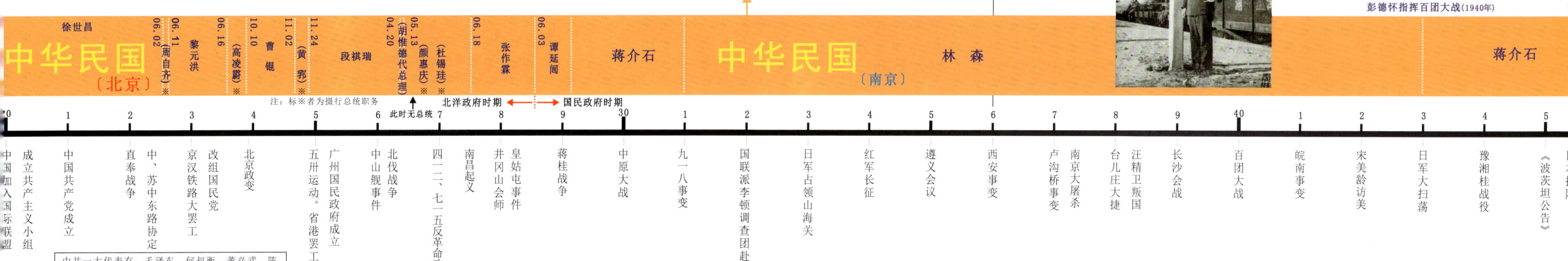

6	7	8	1949
外蒙独立	**三大战役**	**开国大典**	
1946	1948	1949.10.1	

1883 阎锡山 1960　山西五台人，历任山西都督、省长，统治山西长达38年

1882 王正廷 1961　浙江奉化人，外交精英，主持改订新约，中国首位奥委会委员

1872 朱启钤 1964　贵州开阳人，曾任袁世凯登基筹备处处长、交通总长和代理国务总理

1873 许世英 1964　安徽贵池人，1936年任中国驻日本大使，后任国民政府顾问

1889 陈铭枢 1965　广西合浦人，同盟会会员，曾任广东省主席等职

1880 孔祥熙 1967　山西太谷人，蒋介石连襟，孔子七十五代孙，长期主管民国财政

1889 翁文灏 1971　浙江宁波人，比利时罗文大学毕业，创办中国首个地质研究所

1894 宋子文 1971　海南文昌人，政治家、外交家、金融家，曾任联大中国首任代表

1891 孙 科 1973　广东中山人，孙中山之子，曾与李宗仁竞选副总统失败

1888 顾维钧 1985　上海人，唐绍仪之婿，驻外大使，外交总长，堪称民国第一外交家

1890 何应钦 1987　贵州兴义人，黄埔系二号人物，曾任国防部长和行政院长

1889 张 群 1990　四川华阳人，蒋介石同学，先后任省长、外长、行政院长

孔祥熙 1939.12.11
蒋介石 1945.06.04 / 12.11
宋子文 1947.03.01 / 06.04
蒋介石 1948.05.24 / 11.23
翁文灏 1948.05.25 / 11.23
孙 科 1949.03.24 / 03.24
何应钦 06.13 / 06.23
阎锡山 1950.03.15 / 03.01
←行宪前　行宪后→

林彪、罗荣桓、刘亚楼指挥辽沈战役(1948年)

淮海战役总前委合影(1948年)

开国大典（1949年10月1日）

中华民国（南京）　蒋介石　李宗仁　　　　**中华人民共和国**

6	7	8	9
外蒙古独立	三下江南 四保临江	三大战役	开国大典

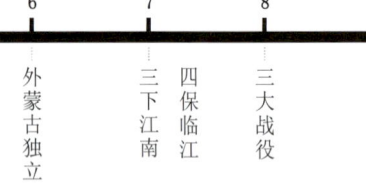

日本投降仪式（1945年9月2日）

重庆谈判（1945年10月10日签订《双十协定》）

1898 朱自清 1948　绍兴人，诗人、散文家，代表作《春》《绿》《荷塘月色》

1893 杨虎城 1949　陕西蒲城人，抗日爱国将领，曾与张学良发动"西安事变"

1875 荣德生 1952　无锡人，民族资本家，荣毅仁之父，江南大学的创办人

1895 徐悲鸿 1953　宜兴人，杰出的画家和美术教育家，曾任中央美院院长

1872 张 澜 1955　四川南充人，华东师范大学校长，民主人士、民盟领导人，曾任四川省长

1884 吕思勉 1957　常州人，华东师大教授，现代中国四大史学家之一

1894 梅兰芳 1961　祖籍江苏泰州，生于北京，京剧表演艺术家，"四大名旦"之首

1879 于右任 1964　陕西三原人，1906年加入同盟会，后任国民政府监察院院长

1883 马一浮 1967　绍兴人，现代大儒，与梁漱溟、熊十力合称为"现代三圣"

1893 范文澜 1969　绍兴人，历史学家，曾在南开、北大任教，编《中国通史简编》

1905 冼星海 1945　生于澳门，毕业于巴黎音乐学院，作曲家、钢琴家

1882 李烈钧 1946　江西武宁人，同盟会会员，辛亥革命巨匠，历任安徽、江西都督

1891 陶行知 1946　安徽歙县人，哥伦比亚大学毕业，中国近代教育的典范

1892 陈公博 1946　广东乳源人，中共"一大"代表，汪伪，死于狱中

1896 叶 挺 1946　广东惠阳人，新四军军长，军事家，出狱返延安途中遇空难

1897 戴 笠 1946　浙江江山人，黄埔六期骑兵科毕业，军统头子，死于飞机失事

1899 闻一多 1946　湖北黄冈人，爱国诗人和学者，留美同创作有《七子之歌》

1902 李公朴 1946　江苏常州人，爱国志士，社会教育家，民主同盟早期领导

1910 彭兆麟 1946　辽宁辽阳人，抗日民族英雄，抗联创建人，任第三路军总指挥

1882 冯玉祥 1948　安徽巢县人，爱国军阀，发动北京政变，推翻了直系军阀政府

1891 戴季陶 1949　生于四川广汉，早年参加同盟会，长期从事共宣传工作

1876 张伯苓 1951　天津人，南开大学创始人，1948年任国民政府考试院院长

1883 载 沣 1952　光绪之弟，溥仪即位他也任监国摄政王

1865 黄宾虹 1955　生于浙江金华，著名画家，山水画坛一代宗师

1864 齐白石 1957　湖南湘潭人，木工出身，中国画大师，为中国美协会主席

1874 陈嘉庚 1961　厦门人，爱国华侨领袖，厦门大学和集美大学的创办人

1891 胡 适 1962　安徽绩溪人，文学家，北大校长，新文化运动的倡导者

1879 李根源 1965　云南腾冲人，留日期间加入同盟会，曾任云南陆军讲武堂总办

1890 陈寅恪 1969　江西修水人，历史学家，与其父陈三立合称为"现代三圣"

1889 李四光 1971　湖北黄冈人，蒙古族，地质学家，中国现代地质事业的开拓者

历代都城及古今地名对照简表（红色字者为都城）

表①

朝代(国名)	古地名	今地名	说明
五帝时代	阪泉	河北涿鹿东南	黄帝与炎帝交战处
	涿鹿	河北涿鹿南	黄帝与蚩尤交战处
	帝丘	河南濮阳	颛顼居帝丘
	亳	河南商丘	帝喾居亳
	冀方	河北唐县境内	尧帝初居冀方
	晋阳	山西太原	尧帝迁至晋阳
	平阳	山西临汾	尧帝又迁至平阳
夏	阳城	河南登封东南	禹初都阳城
	帝丘	河南濮阳	帝相徙帝丘
	原	河南济源	予居于原
	老丘	河南开封东	予迁至老丘
	阳翟	河南禹州	
	安邑	山西夏县西北	
	斟鄩	河南登封西北	桀居斟鄩
	鸣条	山西运城市夏县之西	汤伐桀的战场
	南巢	安徽巢湖市	夏桀败死之地
商	亳	山东曹县东南	外壬以前都亳
	嚣	河南荥阳东北	外壬都嚣
	相	河南内黄东南	河亶甲自嚣迁相
	邢	河南温县东北	祖乙迁都邢
	庇	山东郓城北	沃甲都庇
	奄	山东曲阜旧城东	南庚自庇迁奄
	殷	河南安阳小屯村	盘庚自奄迁殷
	岐	陕西岐山东北	商朝时周族之都城
	丰	陕西西安沣河西岸	商朝时周族之都城
	朝歌	河南淇县	商末别都
	牧野	河南淇县西南	武王伐纣处
西周	镐京	陕西西安西北	周朝国都
	犬丘	陕西兴平东南	懿王徙都犬丘
西周诸侯国国都	齐 营丘	山东临淄	封姜尚于齐
	薄姑	山东博兴东南	齐胡公徙都薄姑
	鲁 曲阜	山东曲阜	封周公于鲁
	燕 蓟	北京西南隅	封召公奭于燕
	曹 陶丘	山东定陶北	封弟叔振铎于曹
	陈 宛丘	河南淮阳	封妫满于陈
	杞 杞	河南杞县	封东楼公于杞
	吴 吴	江苏苏州	封仲雍曾孙周章于吴
	唐(晋) 曲沃	山西闻喜东北	封叔虞于唐(后改晋)
	绛(翼)	山西翼城东南	晋孝侯改绛为翼
	新田	山西侯马市	
	赵城	山西洪洞北	封造父于赵城
	宋 商丘	河南商丘东南	封微子于宋
	卫 朝歌	河南淇县	封康叔于卫
	楚 丹阳	湖北秭归东北	封熊绎于楚
东周	洛邑	河南洛阳	平王东迁洛邑
春秋战国时期	蔡 上蔡	河南上蔡	
	下蔡	安徽凤台	
	晋 新田	山西侯马西	
	齐 临淄	山东临淄	营丘改称临淄
	鲁 曲阜	山东曲阜	
	秦 雍	陕西凤翔	

朝代(国名)	古地名	今地名	说明
秦	栎阳	陕西西安北渭水北岸	
	咸阳	陕西咸阳东北	
	葵丘	河南民权东北	齐桓公大会诸侯处
	马陵	河北大名东南	孙膑大败魏军处
	泓水	河南柘城县西北	楚军击败宋军处
	城濮	山东鄄城西南	晋楚争霸决战处
	召陵	河南郾城东	楚邑，齐楚会盟处
	践土	河南原阳县西南	晋文公大会诸侯处
	黄池	河南封丘西南	吴晋争霸处
	长勺	山东莱芜市东北	长勺之战发生地
	长平	山西高平市西北	长平之战发生地
春秋战国时期	卫 楚丘	河南滑县东北	
	帝丘	河南濮阳西南	
	郑 新郑	河南新郑	
	楚 郢	湖北江陵西北	
	陈	河南淮阳	
	寿春	安徽寿县	
	越 会稽	浙江绍兴	
	吴	江苏苏州	
	韩 阳翟	河南禹州	
	新郑	河南新郑	
	魏 安邑	山西夏县西北	
	大梁	河南开封	
	赵 晋阳	山西太原西南	
	邯郸	河北邯郸	
	中山 顾	河北定州	
	灵寿	河北灵寿西北	
	蜀 成都	四川成都	
秦	咸阳	陕西咸阳东北	
	博浪沙	河南原阳县东关	张良派人刺秦始皇处
	沙丘	河北广宗西北大平台	秦始皇病死处
	大泽乡	安徽宿州东南刘村集	陈涉、吴广起义处
	关中	函谷关以西地	怀王之约规定:先入关中者王之
	巨鹿	河北平乡县东南	巨鹿之战发生地
	番禺	广东广州市番禺区	南越国都
西楚政权	彭城	江苏徐州	西楚政权的都城
	垓下	安徽灵璧县南沱河北岸	项羽败亡处
西汉	长安	陕西西安	
	启封	河南开封	避刘启名讳改为开封
	纥升骨	辽宁桓仁县五女山城	高句丽政权都城
	国内城	吉林集安市	公元3年高句丽迁都于此
	赤谷城	吉尔吉斯共和国境内	乌孙国都城
新	长安	陕西西安	
	绿林山	湖北随州市洪山镇大洪山	绿林军起义处
	昆阳	河南叶县北	昆阳之战发生处
东汉	洛阳	河南洛阳东	
三国	魏 洛阳	河南洛阳东	
	蜀 成都	四川成都	
	吴 建康	江苏南京	
	官渡	河南中牟县东北	官渡之战发生地
	赤壁	湖北省赤壁市	赤壁之战发生地

朝代(国名)	古地名	今地名	说明
三国	夷陵	湖北宜昌市	夷陵之战发生地
	祁山	甘肃礼县东	诸葛亮六出祁山
	街亭	甘肃天水市秦安县陇城镇	马谡失街亭
	夷州	台湾省	孙权遣卫温占据夷州
西晋	洛阳	河南洛阳东	
东晋	建康	江苏南京	
	淝水	安徽肥西县东记河	东晋击败前秦战场
成汉	成都	四川成都	李雄于成都称王
汉	左国城	山西离石	刘渊匈奴汉国都城
前赵	平阳	山西临汾西南	
	长安	陕西西安西北	
代	盛乐	内蒙古和林格尔北	
	平城	山西大同	
前凉	姑臧	甘肃武威	
后赵	襄国	河北邢台西南	
	邺	河北临漳西南	
冉魏	邺	河北临漳西南	
东晋十六国(附冉魏和代国)时期	前燕 龙城	辽宁朝阳	
	蓟	北京西南	
	邺	河北临漳西南	
	前秦 长安	陕西西安	
	后秦 长安	陕西西安	
	西秦 苑川	甘肃榆中北	
	后燕 中山	河北定州	
	后凉 姑臧	甘肃武威	
	北凉 张掖	甘肃张掖	
	姑臧	甘肃武威	
	南凉 西平	青海西宁	
	乐都	青海乐都	南凉399年迁都于此
	姑臧	甘肃武威	
	南燕 广固	山东青州西北	
	西凉 敦煌	甘肃敦煌	
	酒泉	甘肃酒泉	
	西燕 长子	山西长治南	
	北燕 龙城	辽宁朝阳	
	昌黎	辽宁义县	
夏	统万城	陕西靖边北白城子	
南北朝时期	宋 建康	江苏南京	
	齐 建康	江苏南京	
	梁 建康	江苏南京	
	陈 建康	江苏南京	
	北魏 平城	山西大同	
	洛阳	河南洛阳	
	东魏 邺	河北临漳西南	
	西魏 长安	陕西西安	
	北齐 邺	河北临漳西南	
	北周 长安	陕西西安	
隋	大兴城	陕西西安	
唐	长安	陕西西安	
	敖东城	吉林敦化市东南	渤海国前期都城
	逻些	西藏拉萨市	吐蕃政权都城
	马嵬坡	陕西兴平市西	马嵬之变杨玉环自缢处

朝代(国名)	古地名	今地名	说明
唐	郁都军山	蒙古国杭爱山	薛延陀建牙帐于此
	独洛河	蒙古国境内土拉河	回纥建牙帐于此河畔
	乌德鞬山	蒙古国杭爱山以北	回纥建牙帐于此
	怛罗斯	哈萨克斯坦共和国江布尔城	高仙芝战败，造纸术西传
	狼虎谷	山东莱芜市西南	黄巢自杀处
五代	后梁 汴	河南开封	
	洛阳	河南洛阳东	
	后唐 洛阳	河南洛阳东	
	后晋 汴	河南开封	
	后汉 汴	河南开封	
	后周 汴	河南开封	
十国	前蜀 成都	四川成都	
	吴 扬州	江苏扬州	
	楚 长沙	湖南长沙	
	荆南 荆州	湖北江陵	
	闽 长乐	福建福州市	
	吴越 杭州	浙江杭州市	
	南唐 金陵	江苏南京	
	后蜀 成都	四川成都市	
	南汉 广州	广东广州市	
	北汉 太原	山西太原	
北宋	陈桥驿	河南开封市东北	陈桥兵变发生处
	东京	河南开封	
	澶渊	河南濮阳市	澶渊之盟签订处
南宋	临安	浙江杭州市	
辽	上京	内蒙古巴林左旗南波罗城	即临潢府
	黄龙府	吉林农安县城	辽六府之一
	虎思翰耳朵	吉尔吉斯共和国楚河州	西辽都城
西夏	兴庆府	宁夏银川市	
金	会宁	黑龙江阿城南	
	中都	北京市	
	汴京	河南开封市	
元	大都	北京市	
	樊城	湖北襄阳市樊城	蒙攻南宋主战场
	撒马尔罕	乌兹别克斯坦共和国撒马尔罕市	帖木儿帝国都城
明	应天府	江苏南京市	1368年定都应天府
	北京	北京市	1421年朱棣迁都北京
	土木堡	河北怀来东	明英宗被瓦剌俘获处
	宁远	辽宁兴城市	宁远之战发生地
后金	赫图阿拉	辽宁省新宾县	1616年定都于此
	辽阳	辽宁省辽阳市	1621年迁都于此
	盛京	辽宁省沈阳市	1625年迁都于此
清	南明 南京	江苏南京市	1644年南明定都于此
	北京	北京市	1644年迁都于此
中华民国	北洋政府时期 南京		1912.1.1孙中山于南京就任临时大总统
	北京		1912.4 参议院同意袁世凯在北京就职
	国民政府时期 南京		1928年国民政府取代北洋政府，定都南京
	洛阳		1932年为躲避战火曾立洛阳为行都
	重庆		1937.11 日军侵占南京，迁都重庆
	南京		1946.5.5.还都南京，1949年退居台湾省
中华人民共和国	北京		1949.10.1.定都北京

中国古代主要少数民族情况简表 (表②)

民族	生活朝代与活动区域	所建政权
东胡	先秦时分布于匈奴以东，故名。后来分为鲜卑和乌桓	—
鲜卑	东胡的一支，与西拉木伦河之间，秦汉时游牧于鲜卑山一带，即今内蒙古和西北地区	南燕、北魏、西魏、前燕、后燕、西秦、北周
乌桓	东胡的一支，源于鲜卑，阿鲁科尔沁旗以北地区，又作"乌丸"	—
柔然	552年并入突厥，源于鲜卑的一支，秦汉时期迁居乌桓以北一带，南北朝时游牧于鄂尔浑河和土拉河流域	柔然国
契丹	源于鲜卑的一支，部分契丹人在耶律大石带领下西迁，建西辽政权，北宋时	契丹、辽、西辽
吐谷浑	源于鲜卑，是鲜卑慕容部的一支。西晋末年西迁至今甘肃、青海一带，又称吐浑	吐谷浑国
室韦	西汉时分布为蒙古室韦族先民，黄头室韦为蒙古族先民，在南号室韦，在北号豆莫娄	—
扶余、豆莫娄	扶余亡后，其北部遗民渡过嫩江、伊通河而居，也称"夫余"	扶余国、豆莫娄国
肃慎	商周时期分布于长白山、黑龙江中下游一带	—
挹娄	源于肃慎，汉、魏、南北朝时称挹娄	—
勿吉	源于肃慎。隋唐时改称勿吉	—
靺鞨	源于肃慎。秦汉后改称靺鞨。分布于松花江、黑龙江流域，受辽统治，后改其族名为女直	渤海国
女真	原称女直，北宋黑龙江流域中下游一带，为避耶律宗真之讳改称女直	金国
女直	西汉时分布于鸭绿江以西地区	—
高句丽	唐代分布于甘肃、陕西、青海，唐末年部分分布在今宁夏、陕西、甘肃一带，并分布于今陕西、甘肃一带，后来大部分西迁	高句丽
羌族	商朝时羌族人与羌人杂居于甘肃、青海、陕西、四川一带	后秦
党项羌	羌族的一支。唐宋时期分布于宁夏、陕西、甘肃	西夏
吐蕃	原分布于青藏高原地区	吐蕃国
氐	秦汉时期分布于今陕西、甘肃同源。周朝至南北朝时期分布在今陕西、甘	成汉、前秦、后凉
月氏	肃、四川地区，汉魏后部落众多，祁连山以南，又称大月氏	—
小月氏	西汉时西迁的月氏人至今敦煌，祁连山一带。又称大月氏	—
羯	称小月氏。源于小月氏。魏晋时分布于今山西潞城一带	后赵
夜郎	战国至汉代分布于今贵州、云南和四川南部	夜郎国
白蛮	唐代、五代时期分布于今云南滇池地区、今浙江、福建、江西、湖南及两广一带	南诏国、大理
越族	古越人的一支。秦汉时分布于今云南、浙江、台湾等地区	—
闽越	唐代分布于今福建、浙江、四川、福建、江西一带	闽越国
乌蛮	战国至秦汉时期的游牧民族，又称敕勒	—
匈奴	分为两支：北匈奴在漠北，南匈奴在漠南并不断内迁	前赵、夏、北凉
敕勒	生活在贝加尔湖附近的游牧民族，又称敕勒	—
铁勒	生活在贝加尔湖附近，由薛部和延陀部两部合并而成	—
薛延陀	铁勒诸部之一	薛延陀汗国
高车	北方的敕勒人使用车轮高大的车子，这些人被称为丁零	—
丁零	是敕勒的一支，北魏时游牧于鄂尔浑河和色楞格河流域	—
回纥	源于敕勒，向南迁入中原的敕勒被称为丁零	回纥汗国
畏吾儿	唐代活动于兴安岭一带，788年改称"回鹘"，元明两代对回鹘的异译。又作"畏兀儿"	—
突厥	厥汗国，583年分裂为东突厥和西突厥	突厥汗国
东突厥	东突厥迁居漠北，又称北突厥	东突厥汗国
西突厥	分布于新疆和中亚一带，称雄西域，并控制丝绸之路	西突厥汗国
沙陀族	西突厥十姓部落以外的一部，因其地有大沙丘而得名	后唐、后晋、后汉、北汉

中国当代各民族情况简表 (表③)

人口单位：千人　　人口统计时间：2010年

民族	语系	语族	语支	相关古代民族	人口数	合排序	主要分布区域(简称)
俄罗斯族	印欧语系	斯拉夫语族	东部斯拉夫语支	—	15	47	新黑
塔吉克族	印欧语系	伊朗语族	帕米尔语支	—	51	38	新
柯尔克孜族	阿尔泰语系	突厥语族	西匈语支	突厥族	187	32	新黑
哈萨克族	阿尔泰语系	突厥语族	西匈语支	—	1462	17	新甘青
乌孜别克族	阿尔泰语系	突厥语族	西匈语支	—	11	49	新
塔塔尔族	阿尔泰语系	突厥语族	东匈语支	—	3.6	56	新
维吾尔族	阿尔泰语系	突厥语族	东匈语支	回鹘族	10069	5	新
撒拉族	阿尔泰语系	突厥语族	—	—	131	35	甘
裕固族	阿尔泰语系	蒙古语族	—	—	14	48	甘
保安族	阿尔泰语系	蒙古语族	—	—	20	46	甘
东乡族	阿尔泰语系	蒙古语族	—	—	622	22	甘
土族	阿尔泰语系	蒙古语族	—	—	290	29	青甘
达斡尔族	阿尔泰语系	蒙古语族	—	鲜卑族	132	34	蒙黑
蒙古族	阿尔泰语系	蒙古语族(西部)	—	—	5982	10	蒙辽黑新
锡伯族	阿尔泰语系	满-通古斯语族	满语支	通古斯族	190	31	辽新
满族	阿尔泰语系	满-通古斯语族	满语支	—	10388	4	辽黑吉冀蒙京
赫哲族	阿尔泰语系	满-通古斯语族	通古斯语支	—	5.4	53	黑
鄂伦春族	阿尔泰语系	满-通古斯语族	通古斯语支	—	8.7	51	蒙黑
鄂温克族	阿尔泰语系	满-通古斯语族	通古斯语支	—	31	42	蒙黑
朝鲜族	阿尔泰语系	未定	未定	—	1831	15	吉黑辽
汉族	汉藏语系	汉语	—	—	1220845	1	遍布全国
回族	汉藏语系	汉语	—	—	10586	3	宁甘豫新青吉苏鲁冀皖京蒙津黑陕贵琼辽
普米族	汉藏语系	藏缅语族	羌语支	羌族	43	39	滇
羌族	汉藏语系	藏缅语族	羌语支	羌族	310	28	川
藏族	汉藏语系	藏缅语族	藏语支	—	6282	9	藏川渝青甘
门巴族	汉藏语系	藏缅语族	未定	—	11	50	藏
土家族	汉藏语系	藏缅语族	未定	—	8354	8	湘鄂渝
珞巴族	汉藏语系	藏缅语族	未定	—	3.7	55	藏
彝族	汉藏语系	藏缅语族	彝语支	羌族	8714	7	滇川贵
哈尼族	汉藏语系	藏缅语族	彝语支	—	1661	16	滇
基诺族	汉藏语系	藏缅语族	彝语支	—	23	44	滇
傈僳族	汉藏语系	藏缅语族	彝语支	—	703	21	滇川
纳西族	汉藏语系	藏缅语族	彝语支	—	326	27	滇川
拉祜族	汉藏语系	藏缅语族	彝语支	—	486	24	滇
景颇族	汉藏语系	藏缅语族	景颇语支	—	148	33	滇
阿昌族	汉藏语系	藏缅语族	缅语支	—	40	40	滇
白族	汉藏语系	藏缅语族	未定	—	1934	14	滇
怒族	汉藏语系	藏缅语族	未定	—	38	41	滇
独龙族	汉藏语系	藏缅语族	未定	—	6.9	52	滇
傣族	汉藏语系	壮侗语族	壮傣语支	百越	1261	19	滇
布依族	汉藏语系	壮侗语族	壮傣语支	百越	2870	12	贵
壮族	汉藏语系	壮侗语族	壮傣语支	—	16926	2	桂滇
侗族	汉藏语系	壮侗语族	侗水语支	—	2880	11	贵桂湘
仫佬族	汉藏语系	壮侗语族	侗水语支	—	412	26	桂
水族	汉藏语系	壮侗语族	侗水语支	—	216	30	贵桂
仡佬族	汉藏语系	壮侗语族	侗水语支	—	101	37	贵
毛南族	汉藏语系	壮侗语族	侗水语支	—	1463	17	桂
黎族	汉藏语系	壮侗语族	黎语支	—	551	23	琼
仡佬族	汉藏语系	未定	未定	三苗族	9426	6	贵渝湘桂
苗族	汉藏语系	苗瑶语族	苗语支	—	2796	13	闽浙赣粤
畲族	汉藏语系	苗瑶语族	苗语支	—	709	20	滇
瑶族	汉藏语系	苗瑶语族	瑶语支	百越	21	45	滇
德昂族	南亚语系	孟高棉语族	佤德昂语支	—	430	25	滇
佤族	南亚语系	孟高棉语族	佤德昂语支	—	120	36	滇
布朗族	南亚语系	孟高棉语族	未定	—	28	43	桂
京族	南亚语系	未定	未定	—	4	54	台闽
高山族	南岛语系	印尼语族	未定	—	—	—	—

绿色字为北部省份　　黄色字为南部省份